# SPOOKY HALLOWEEN ACTIVITY BOOK

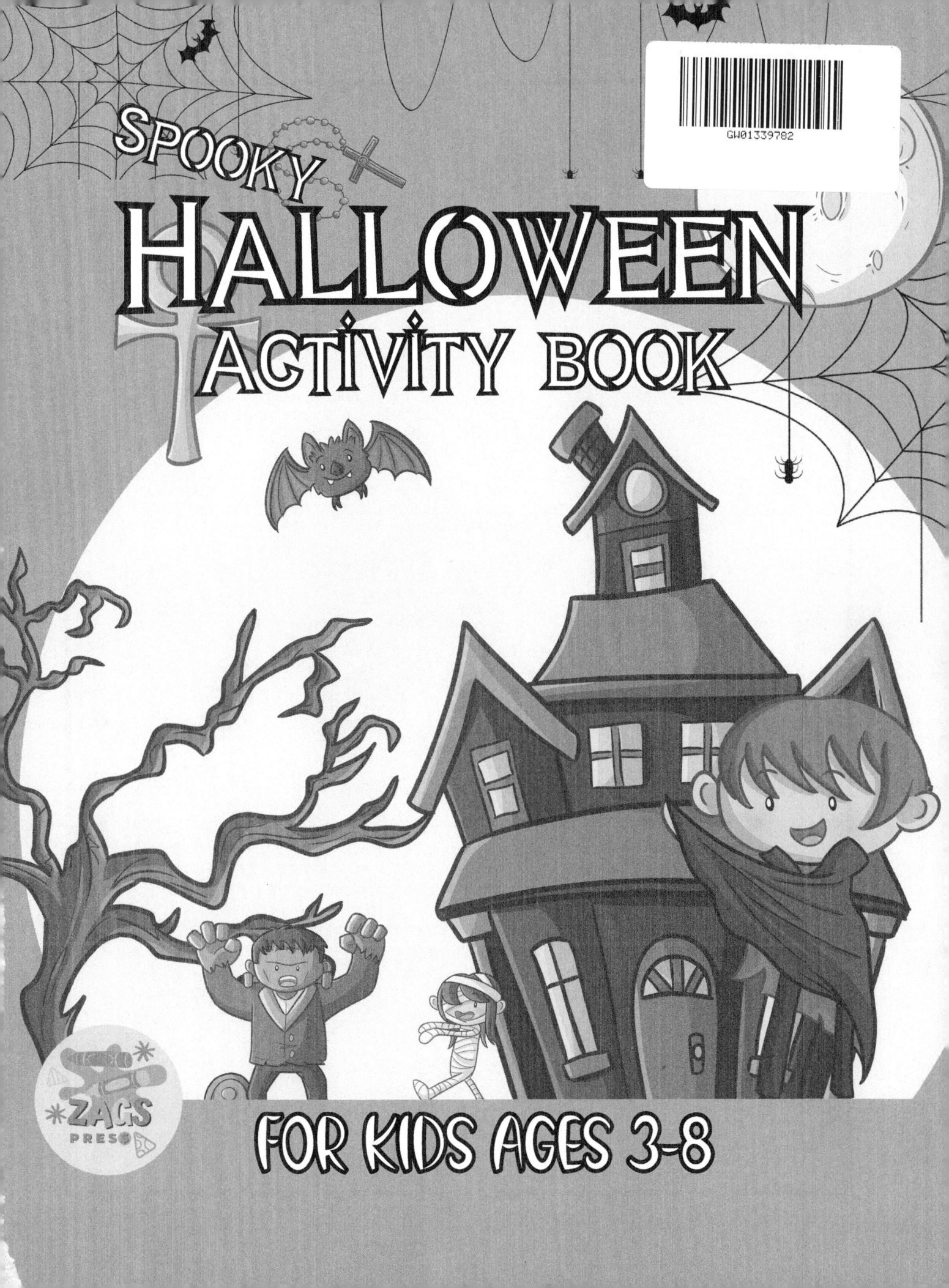

## FOR KIDS AGES 3-8

ZAGS
PRESS

# This Book Belongs to

Willow-Rose-Stern

**COPYRIGHT©ZAGS PRESS ALL RIGHTS RESERVED.**

ZAGS PRESS

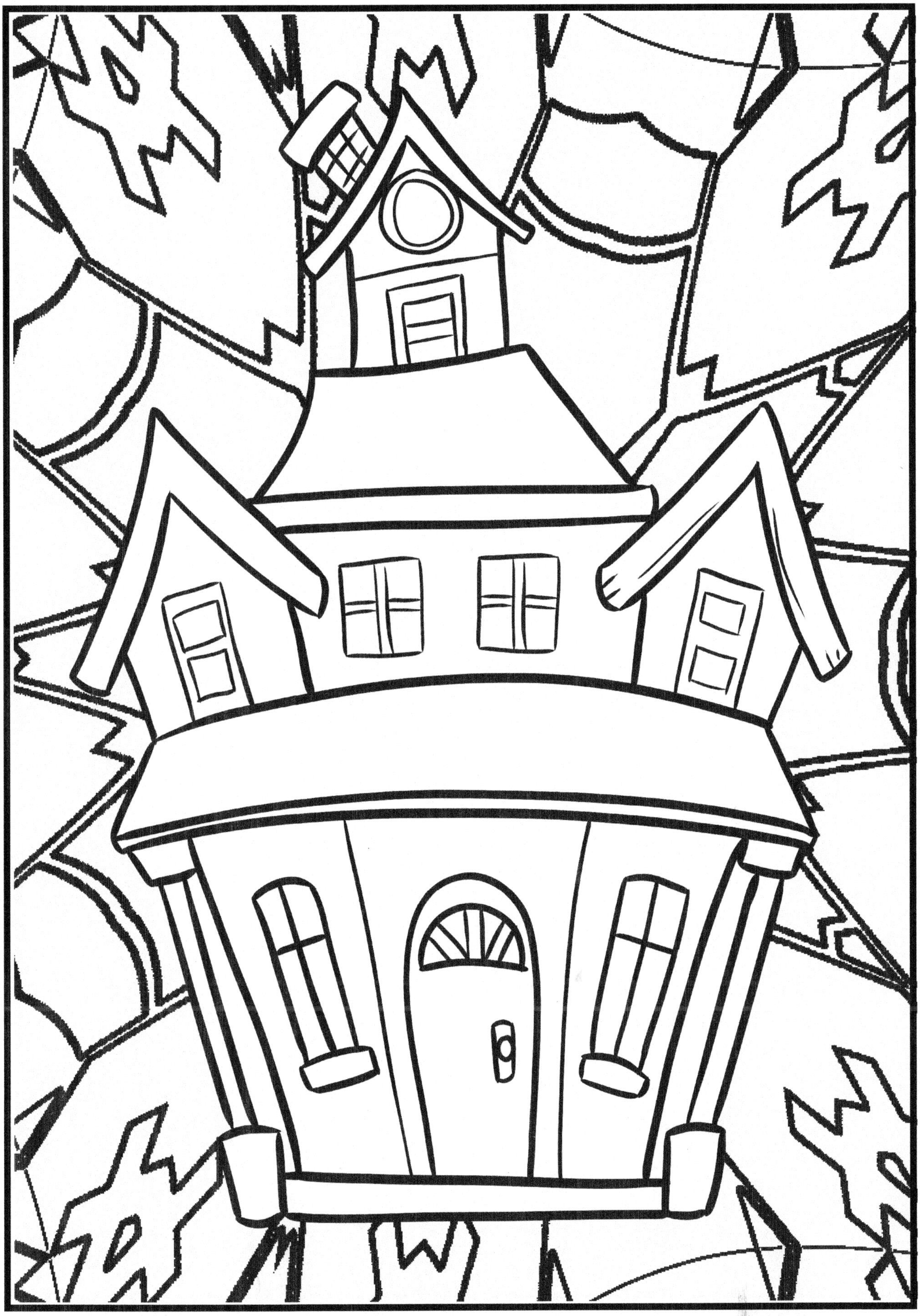

**ZAGS PRESS**

HAPPY
HALLOWEEN

ZAGS
PRESS

```
E R E Y A R P N A I T S I R H C
P X D B A Z B Y H G D Y C N P S
L U Q T G Z T S L S N E O A J W
S S M E I N K P N Z A R Q I I R
I A W P C Z L J U R N M K S F H
I I Y A K Q D L E H N H H L U C
B N Q Y C I N W G G R L Z A W O
D T S Q S L N U H C L F V D I H
A L L H A L L O W T I D E V E N
J K V I E X B V H H W L G K X E
C Q U L B I B C L L J L Q W K A
C P R P I W T Z I A E K Q D Z I
V M G S H E P Y O Y X Q H T Y G
P A L L H A L L O W S E V E T B
R B G B Y W T M T N N Z J D H W
R D T V I G I L G V W U J H F Y
```

PUMPKIN
ALLHALLOWS EVE
CHRISTIAN PRAYER
VIGIL
SAINT
ALLHALLOWTIDE
SAMHAIN

ZAGS
PRESS

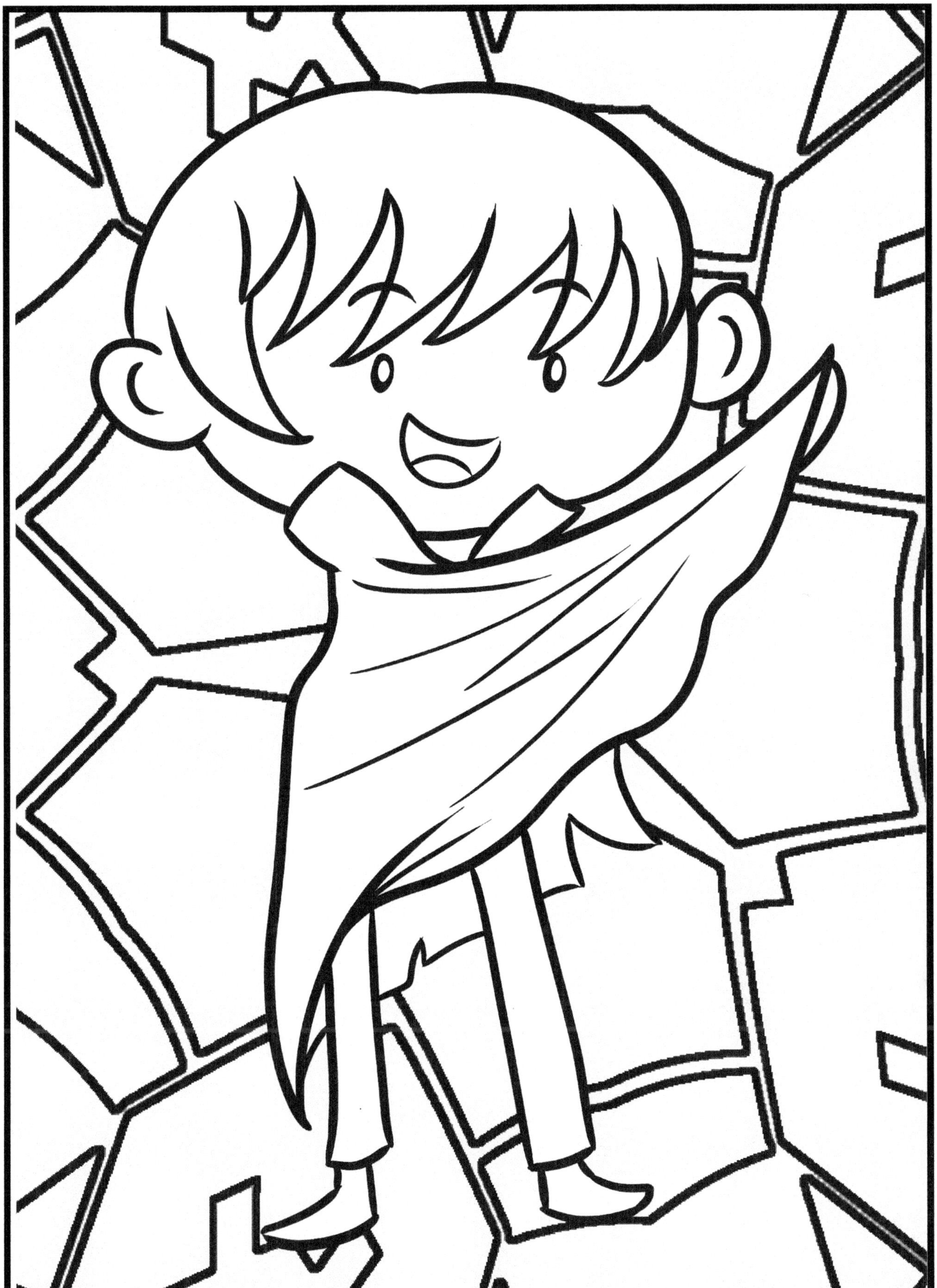

ZAGS
PRESS

# Match the numbers

*ZAGS PRESS

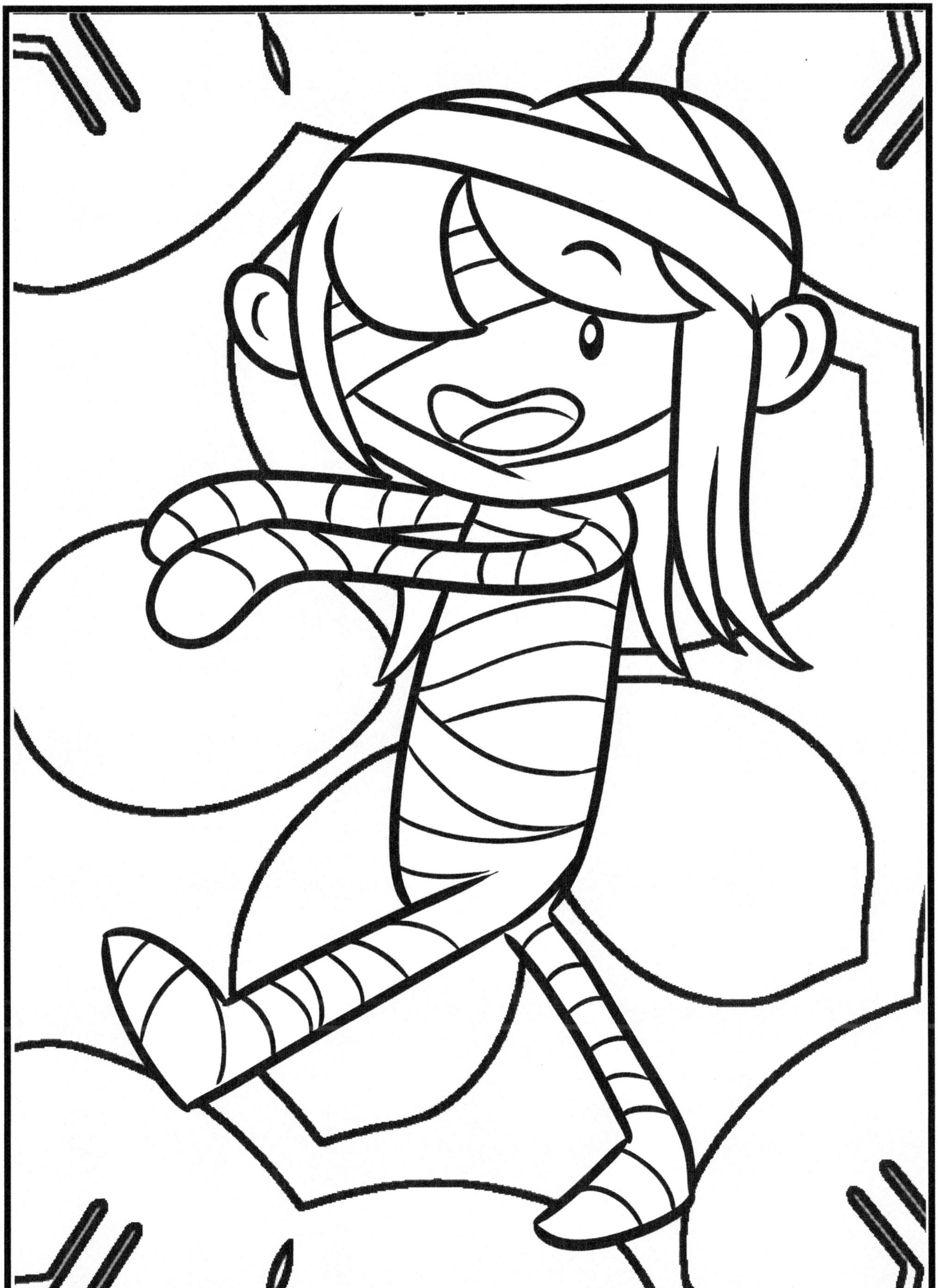

ZAGS
PRESS

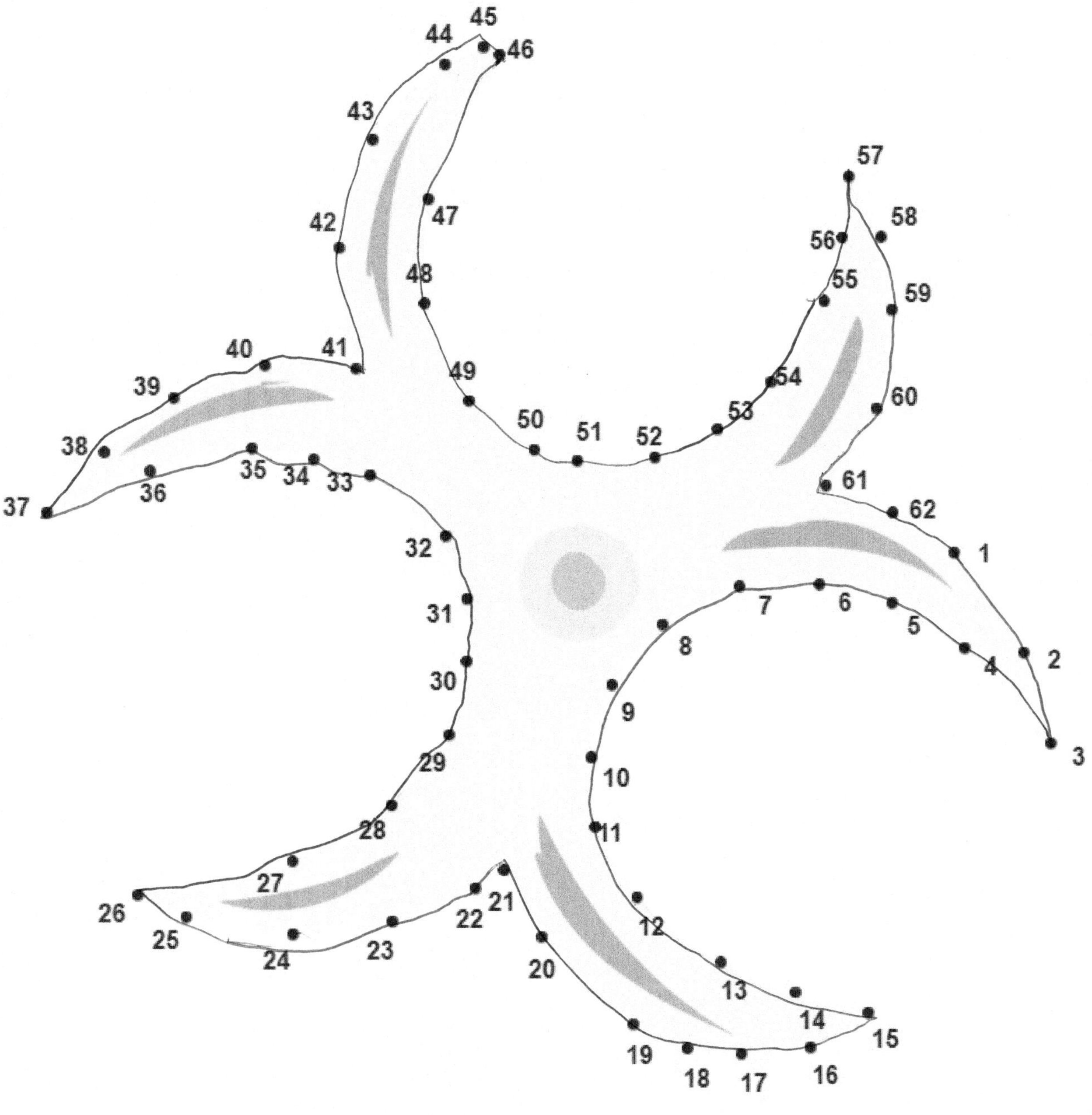
1
2
3
4
5
6
7
8
9
10
11
12
13
14
15
16
17
18
19
20
21
22
23
24
25
26
27
28
29
30
31
32
33
34
35
36
37
38
39
40
41
42
43
44
45
46
47
48
49
50
51
52
53
54
55
56
57
58
59
60
61
62

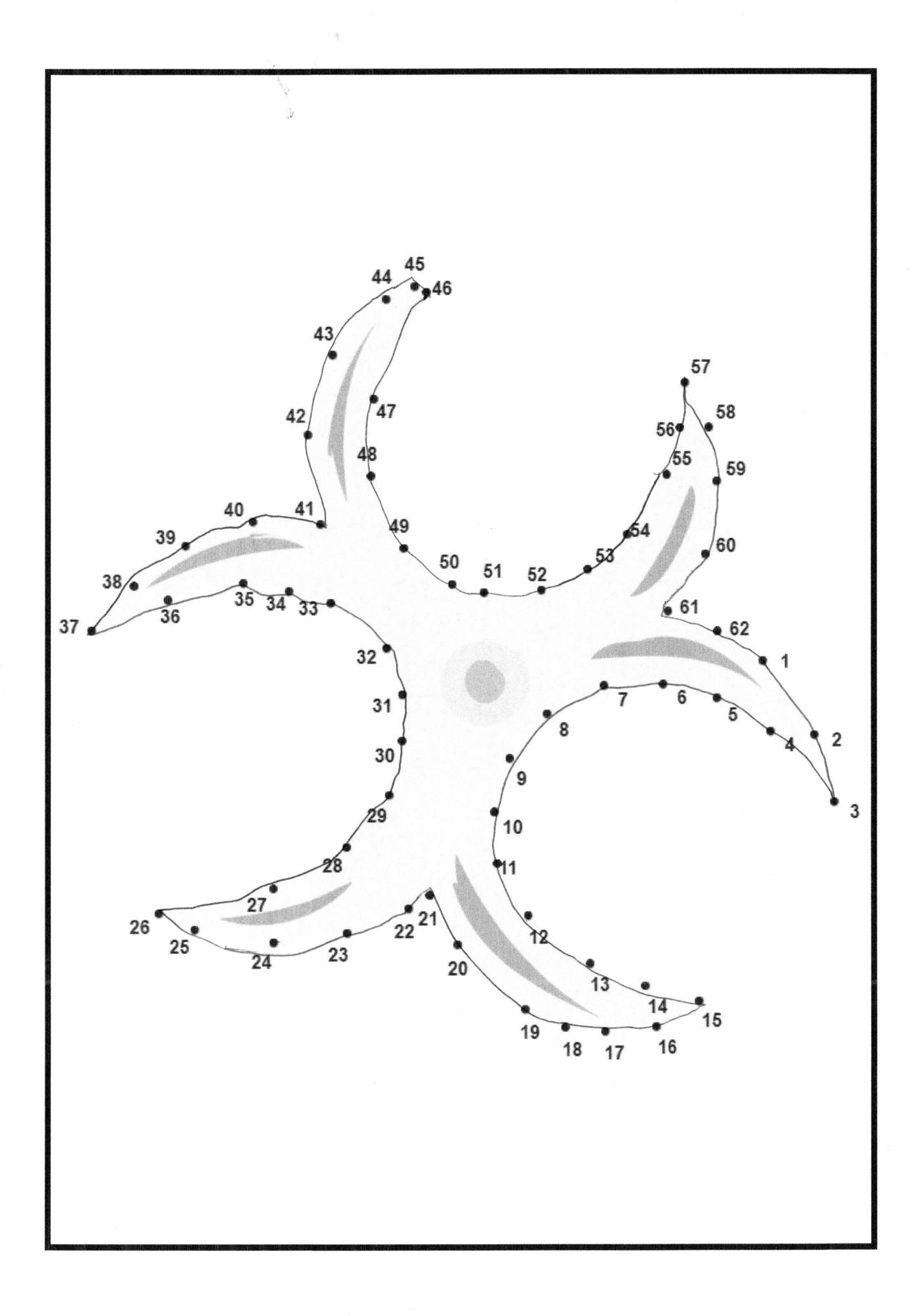

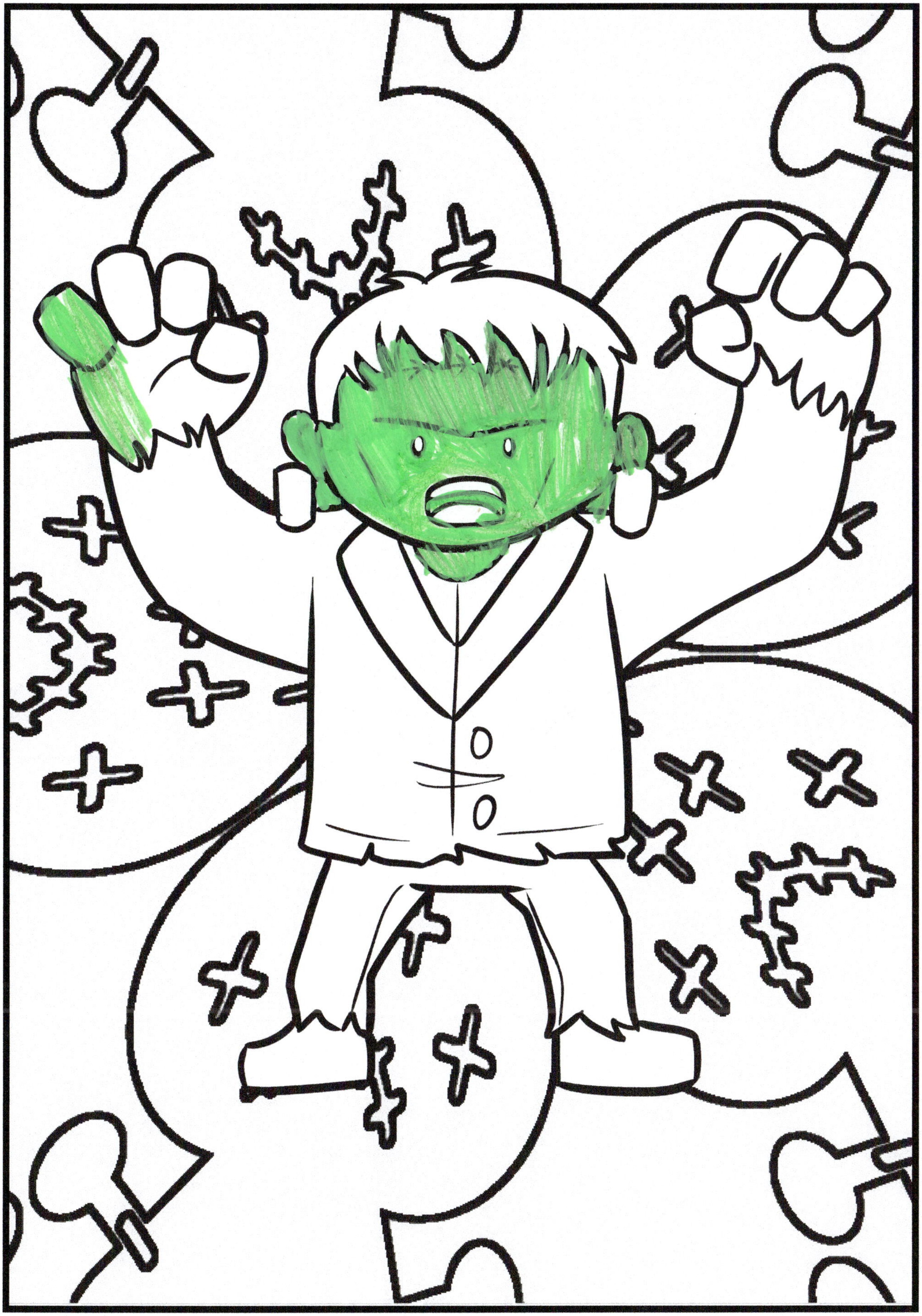

ZAGS
PRESS

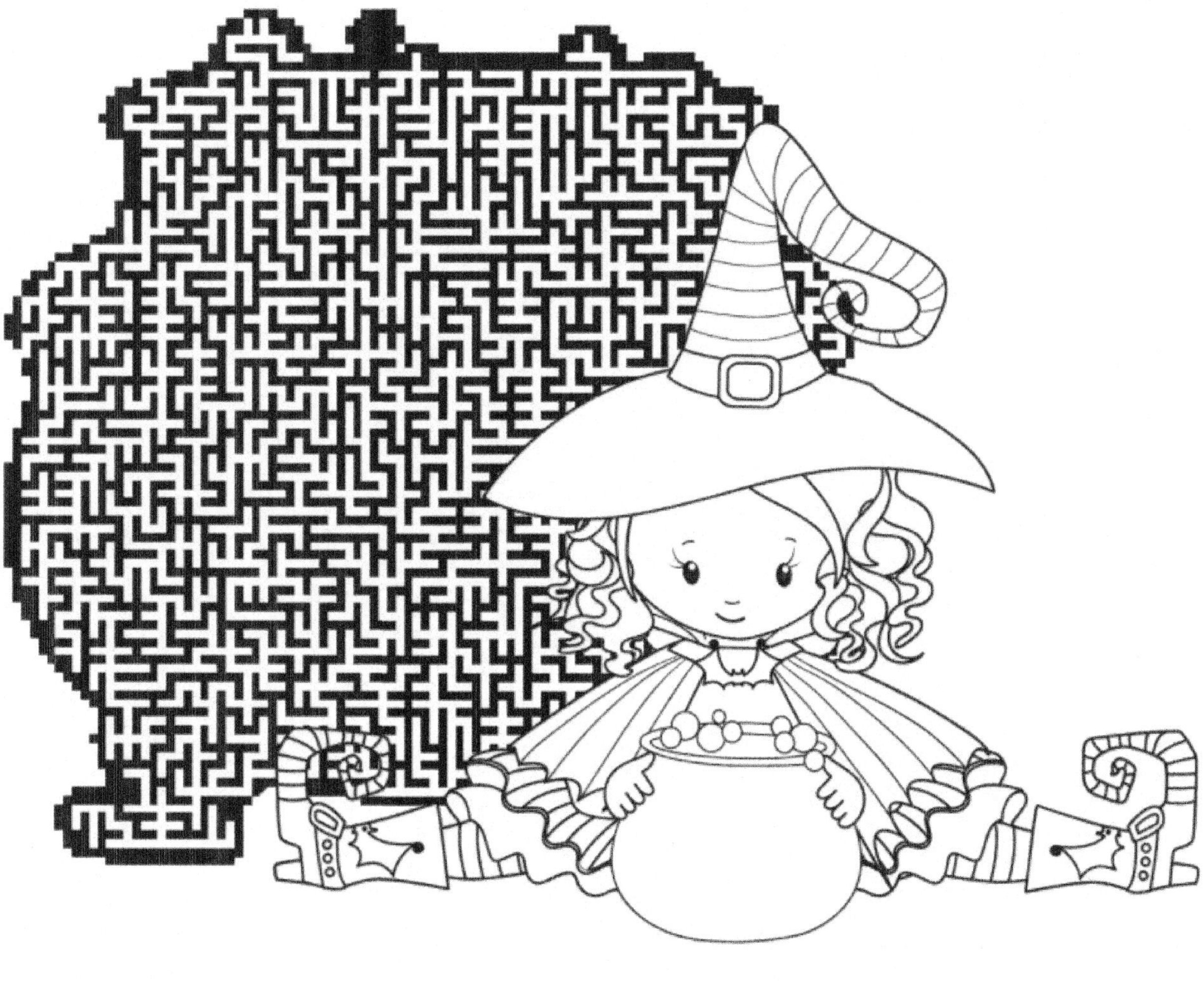

ZAGS
PRESS

```
T R T G I Q N H Q C Z J M V R H
R M L C J U R V K E D G F S X K
I B I C O C E X F L Z J Y Z P V
C S M Z U R T H K E S U H B F H
K Y Z I T N N D H B P T O O R B
O R R N M O A P L R H Q D S A E
R P F G Z N L B U A C N X E N R
T A F H H M O N S T E R H J K X
R N Y W I C K K B I Q N G E Q
E S Z C C O C F P O B K W E N G
A H D H W B A E K N C S F G S N
T I B O S F J E S V D J Y R T F
I G A H A L L O W E E N Y J E I
N C Z D Z C O S T U M E V B I M
G Y Q L H P N Z T D W A Q K N T
L W M Z L Q D I G Q V S U K D N
```

CELEBRATION
JACKOLANTERN
FRANKENSTEIN
HALLOWEEN
TRICKORTREATING
COSTUME
MONSTER

**ZAGS PRESS**

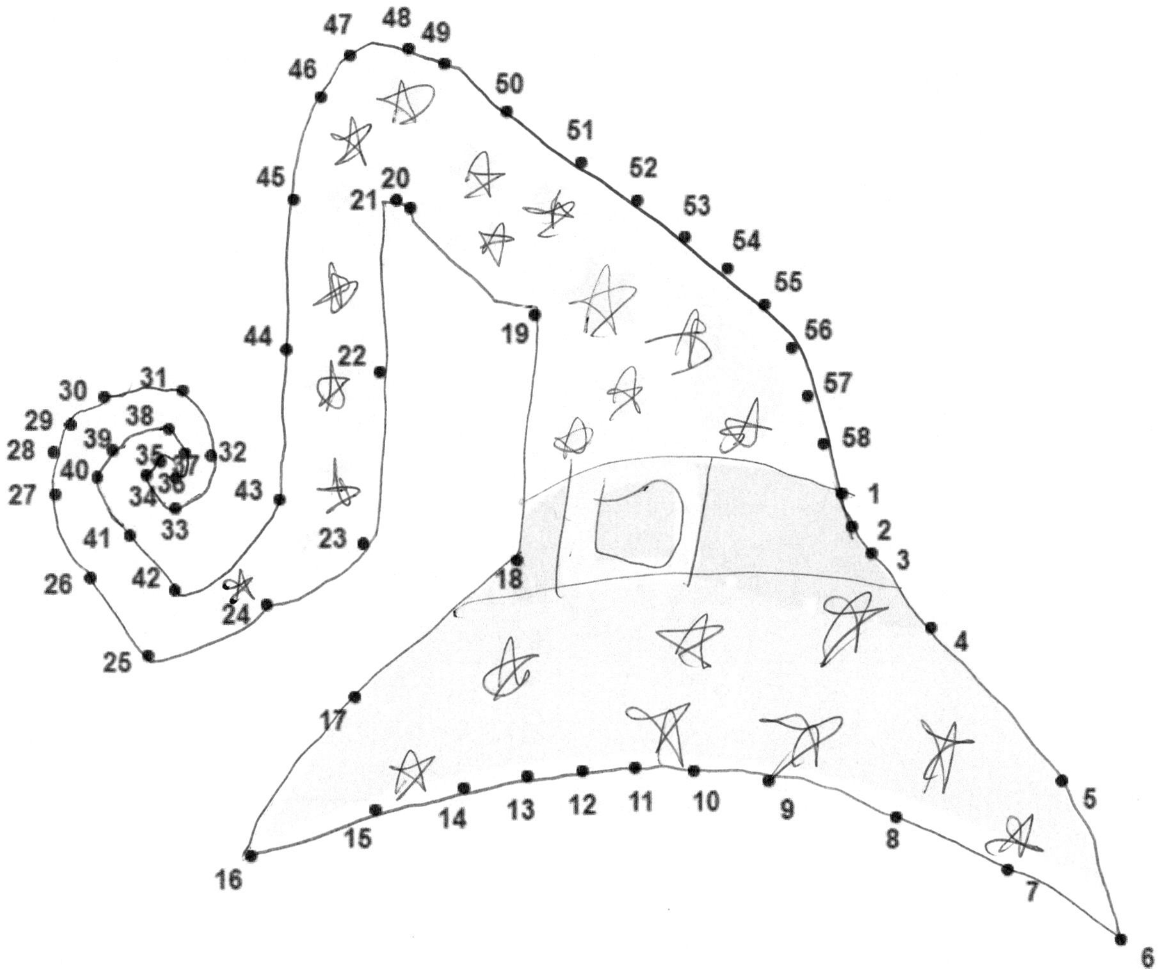
1
2
3
4
5
6
7
8
9
10
11
12
13
14
15
16
17
18
19
20
21
22
23
24
25
26
27
28
29
30
31
32
33
34
35
36
37
38
39
40
41
42
43
44
45
46
47
48
49
50
51
52
53
54
55
56
57
58

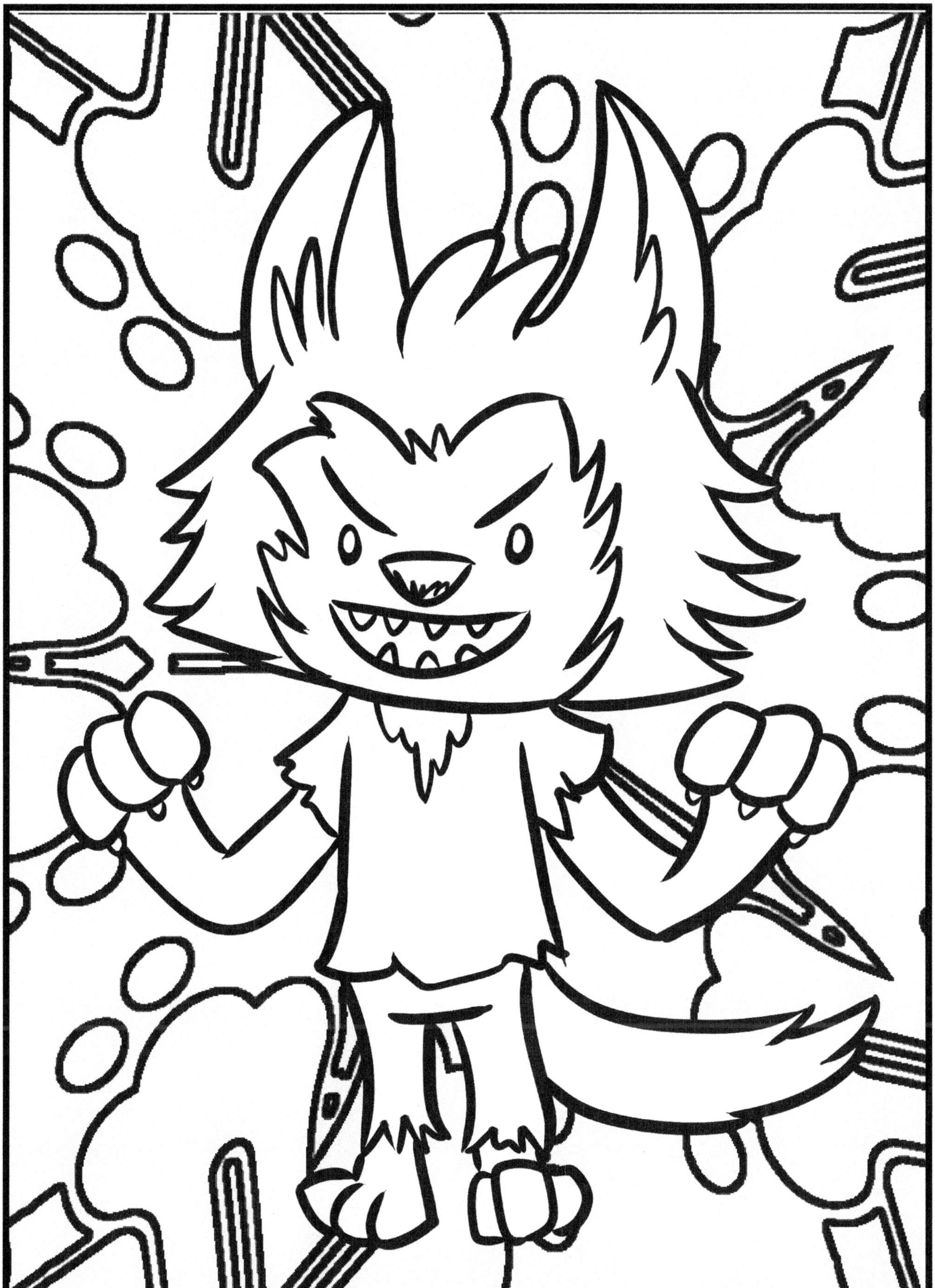

ZAGS
PRESS

# Which image is the odd one out?

That One

# ISPY

## How many do you see?

5
8
6
7
6
5

ZAGS
PRESS

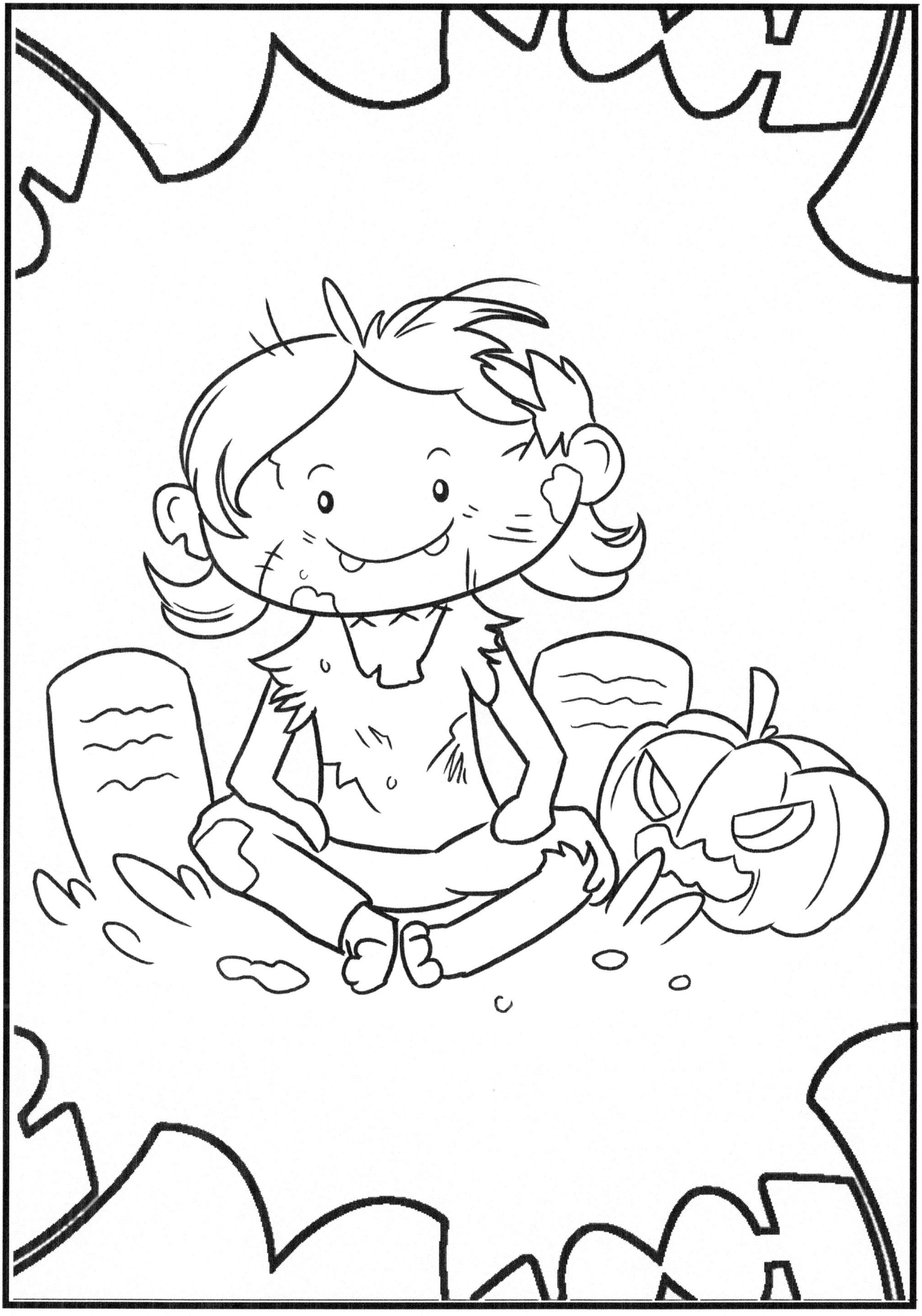

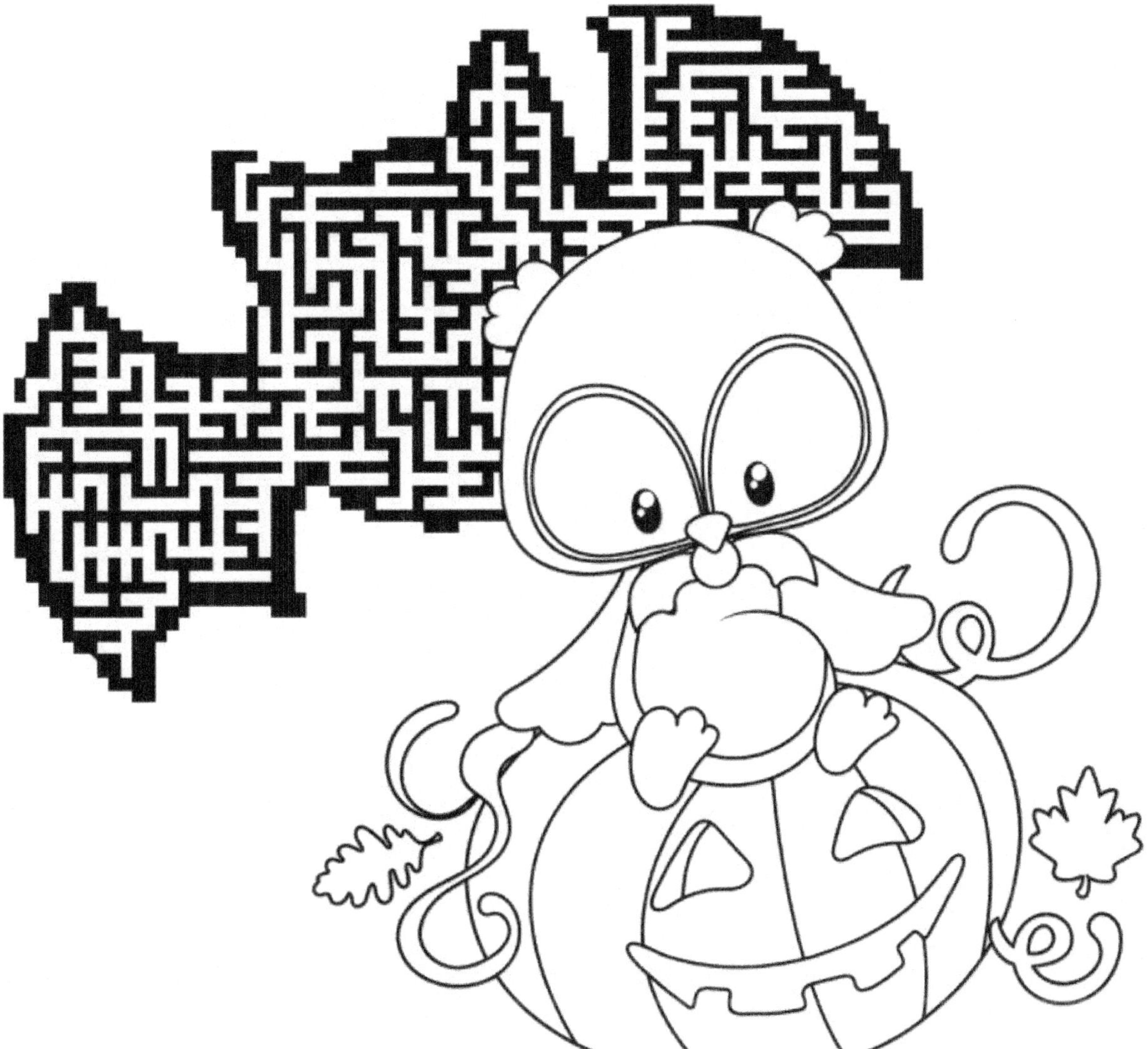

ZAGS
PRESS

```
R B K P U X M N N E O N U J S K
P M J L H Z V Q P E G P E S H N
L R I Z G X F S D G U E O N A W
T Y C M H A L L O W E D U O R H
H Q L A V I N R A C X H X I V J
M Z P E O P D E G F E Q V T E E
Z R V O C U L W F I S K K A S S
Z L S T A Q O M B D T X O R T O
B J K S W J Z M A I S A L B F O
J W H T G X O H P L O B Y E E N
O K W J B Z L A Y I H T R L S Q
W S N N M L Q R Q A G L A E T Q
V H Z U O L L V D O Q V X C I K
J G Y G L R L E R U R Z J Q V X
R L R Y R I X S L H Z H W W A B
H F O S L S M T Y X N G G P L B
```

CARNIVAL
HALLOWED
HARVEST
ZOMBIE
HARVEST FESTIVAL
GHOSTS
CELEBRATIONS

ZAGS
PRESS

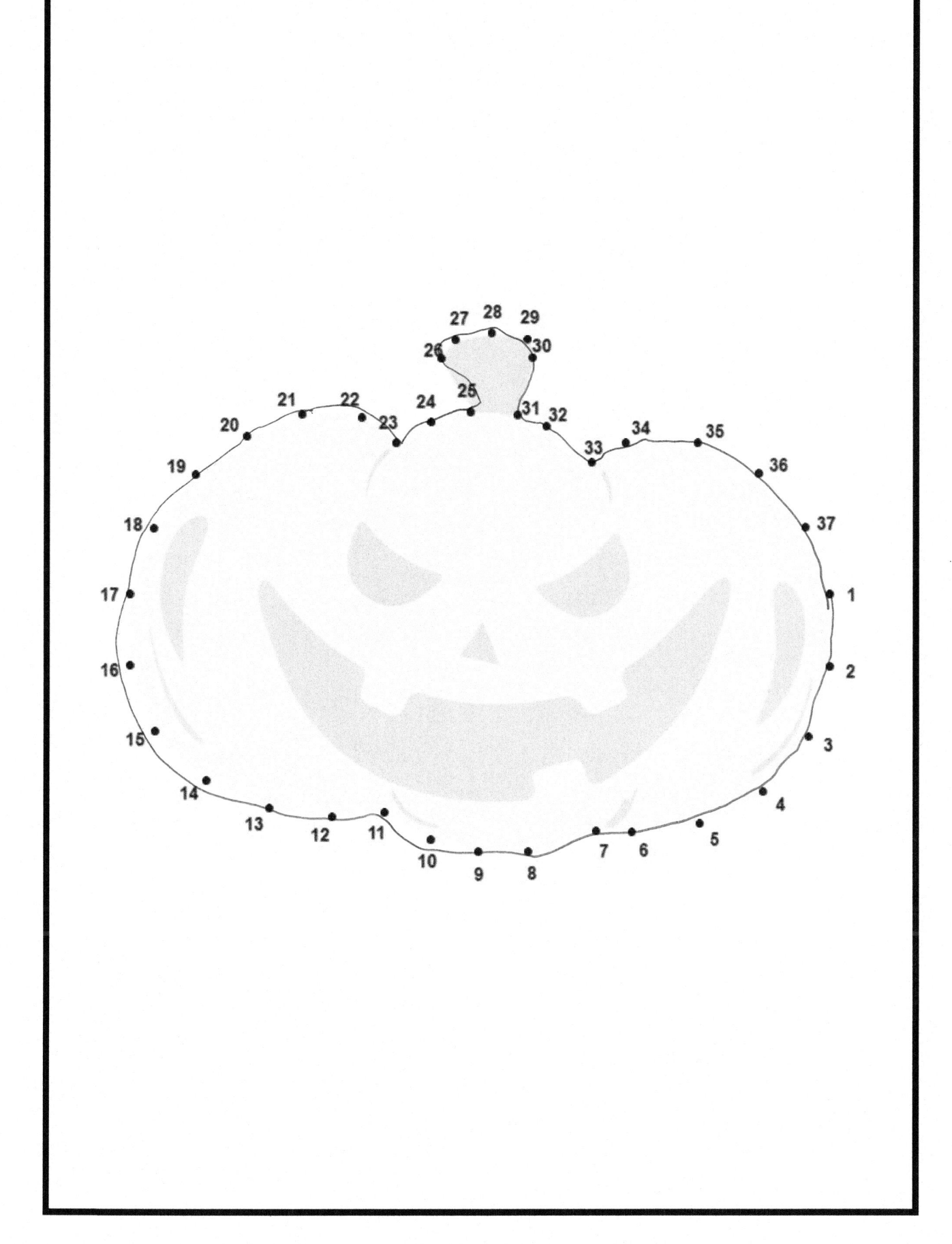

ZAGS
PRESS

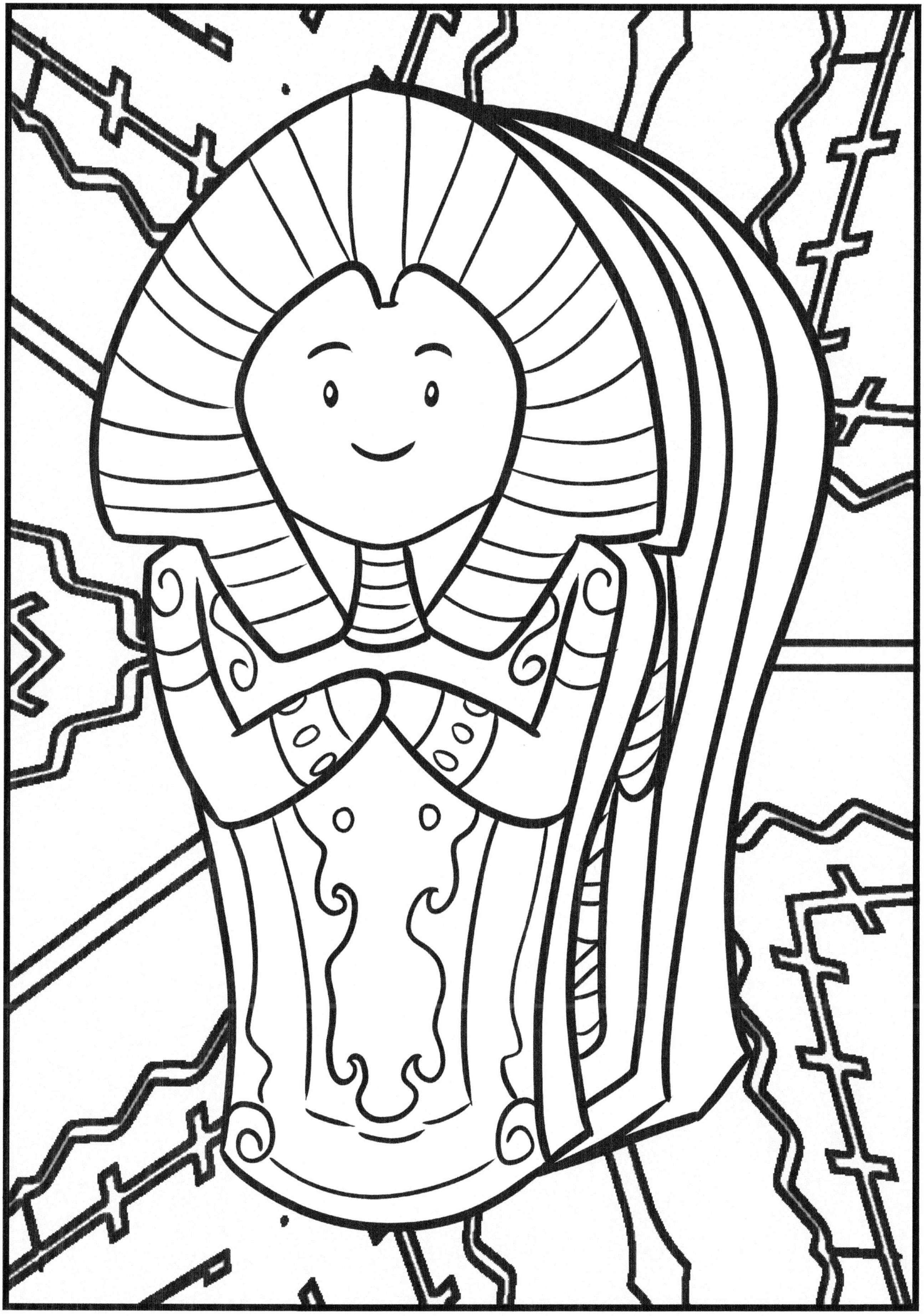

ZAGS
PRESS

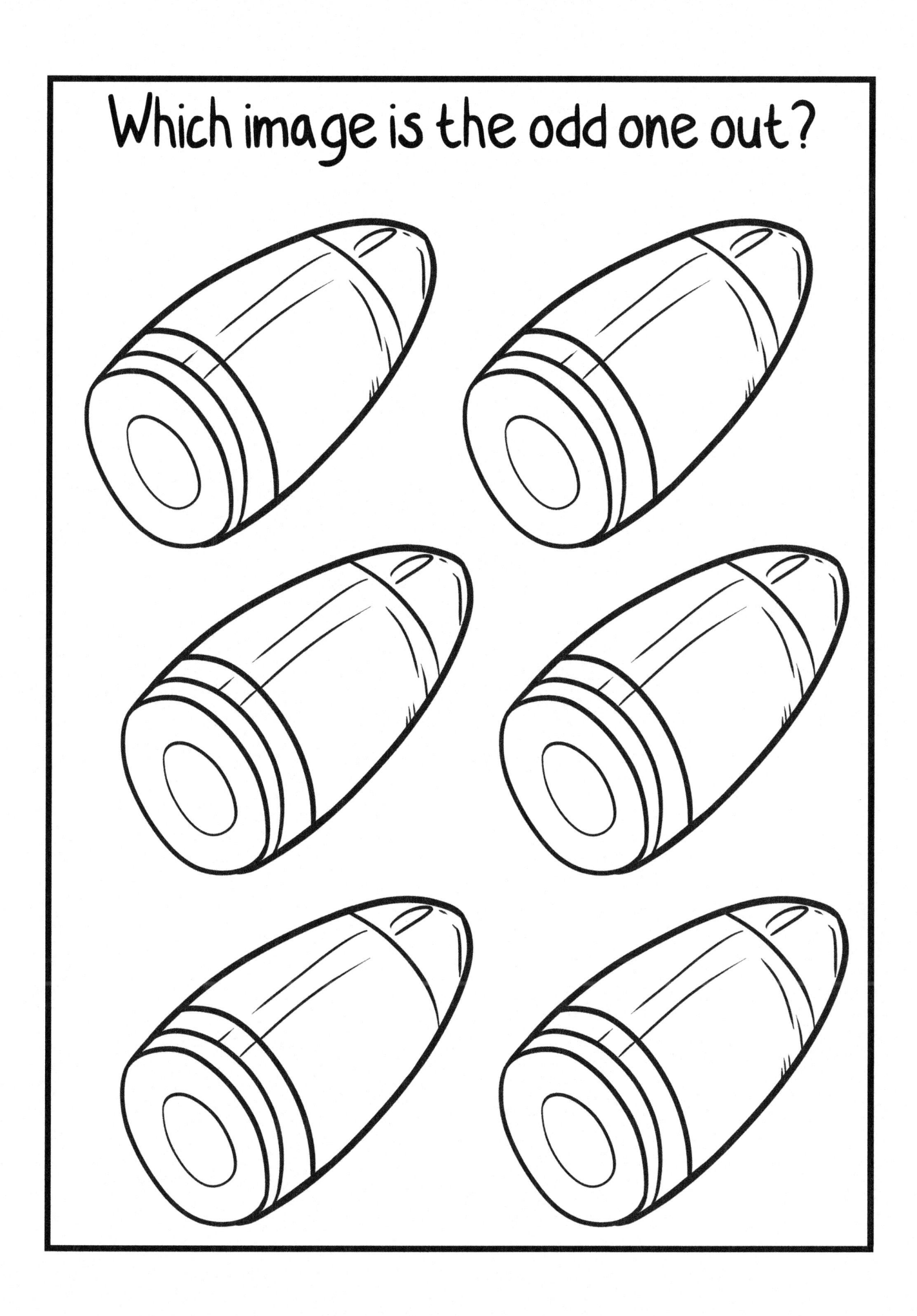

# Which image is the odd one out?

ZAGS
PRESS

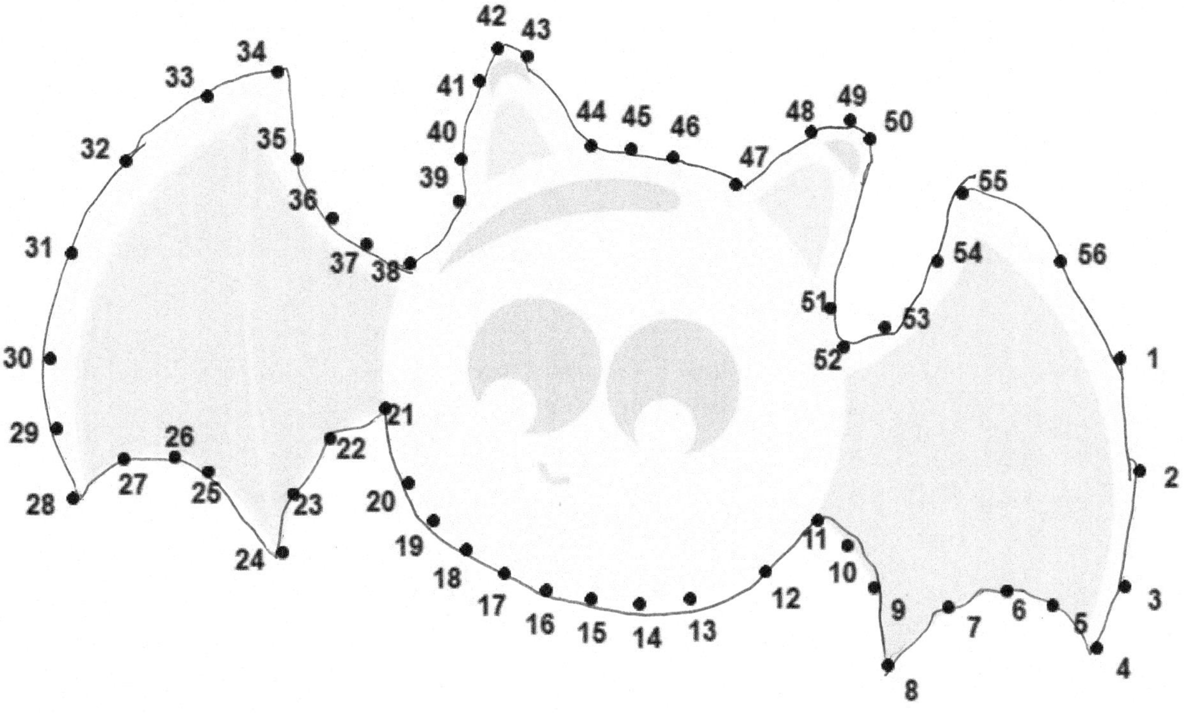
1
2
3
4
5
6
7
8
9
10
11
12
13
14
15
16
17
18
19
20
21
22
23
24
25
26
27
28
29
30
31
32
33
34
35
36
37
38
39
40
41
42
43
44
45
46
47
48
49
50
51
52
53
54
55
56

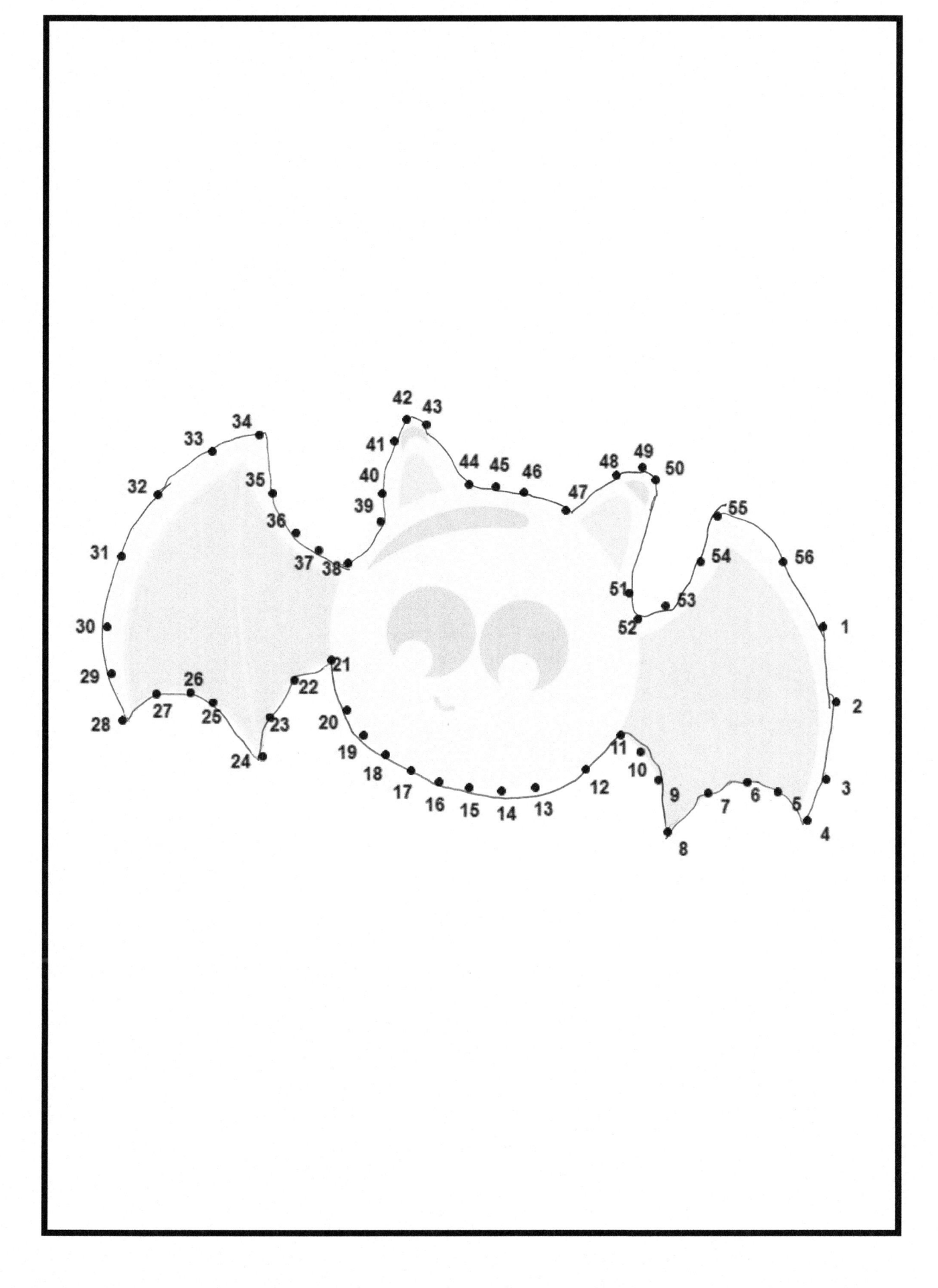

ZAGS
PRESS

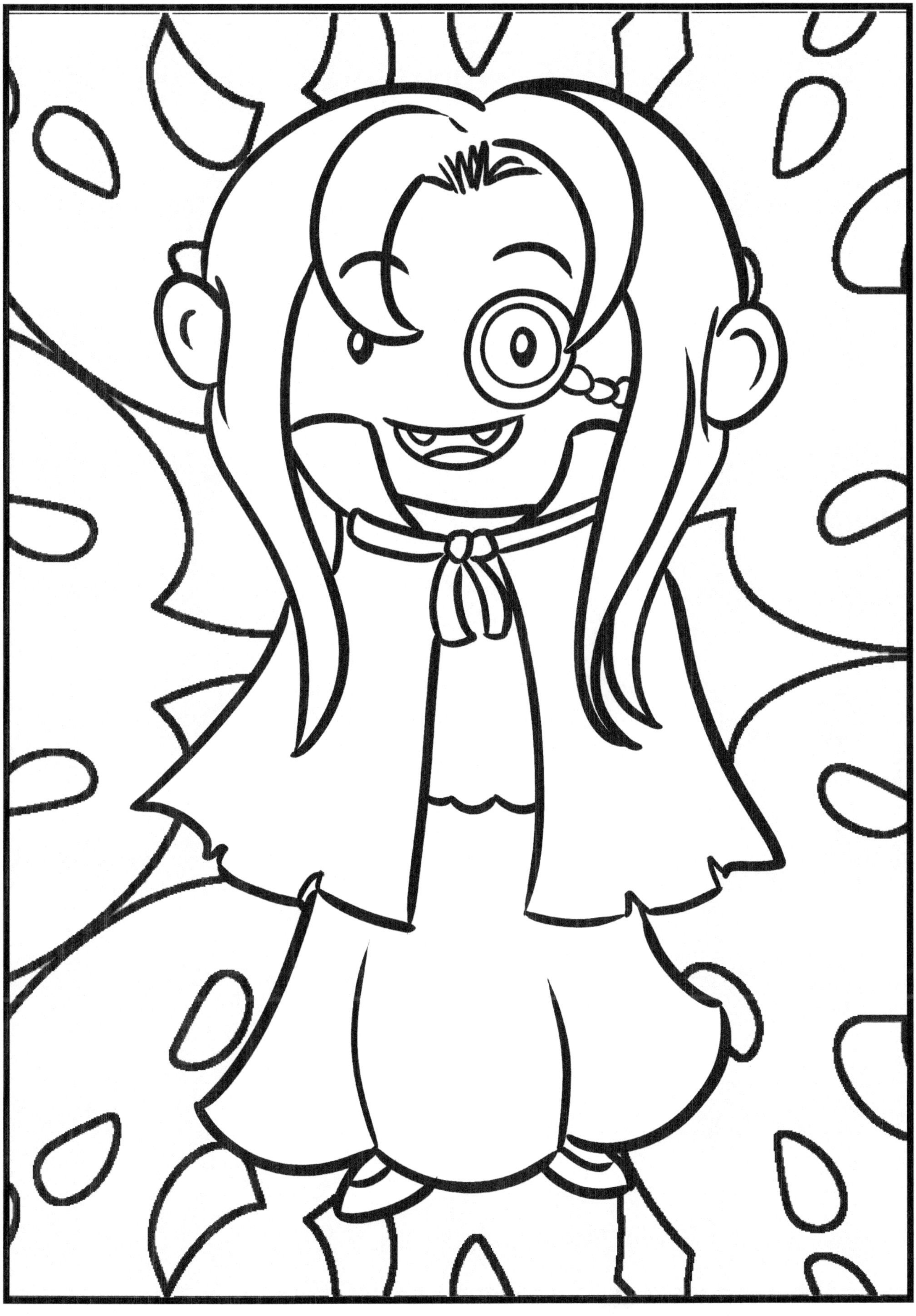

ZAGS
PRESS

# Match the numbers

2
5
8
10
12

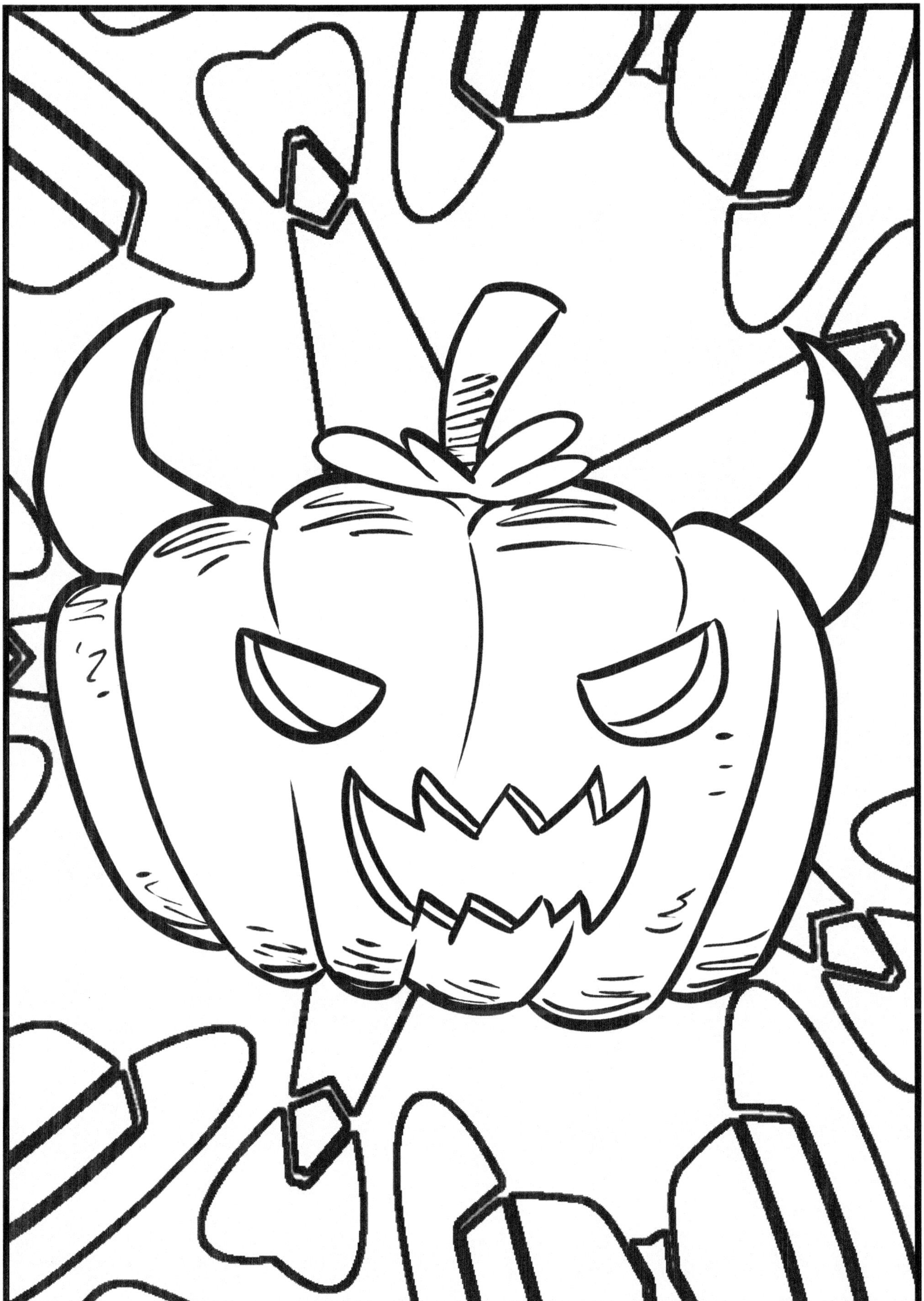

# ISPY

## How many do you see?

- 5
- 5
- 7
- 3
- 6
- 4

ZAGS
PRESS

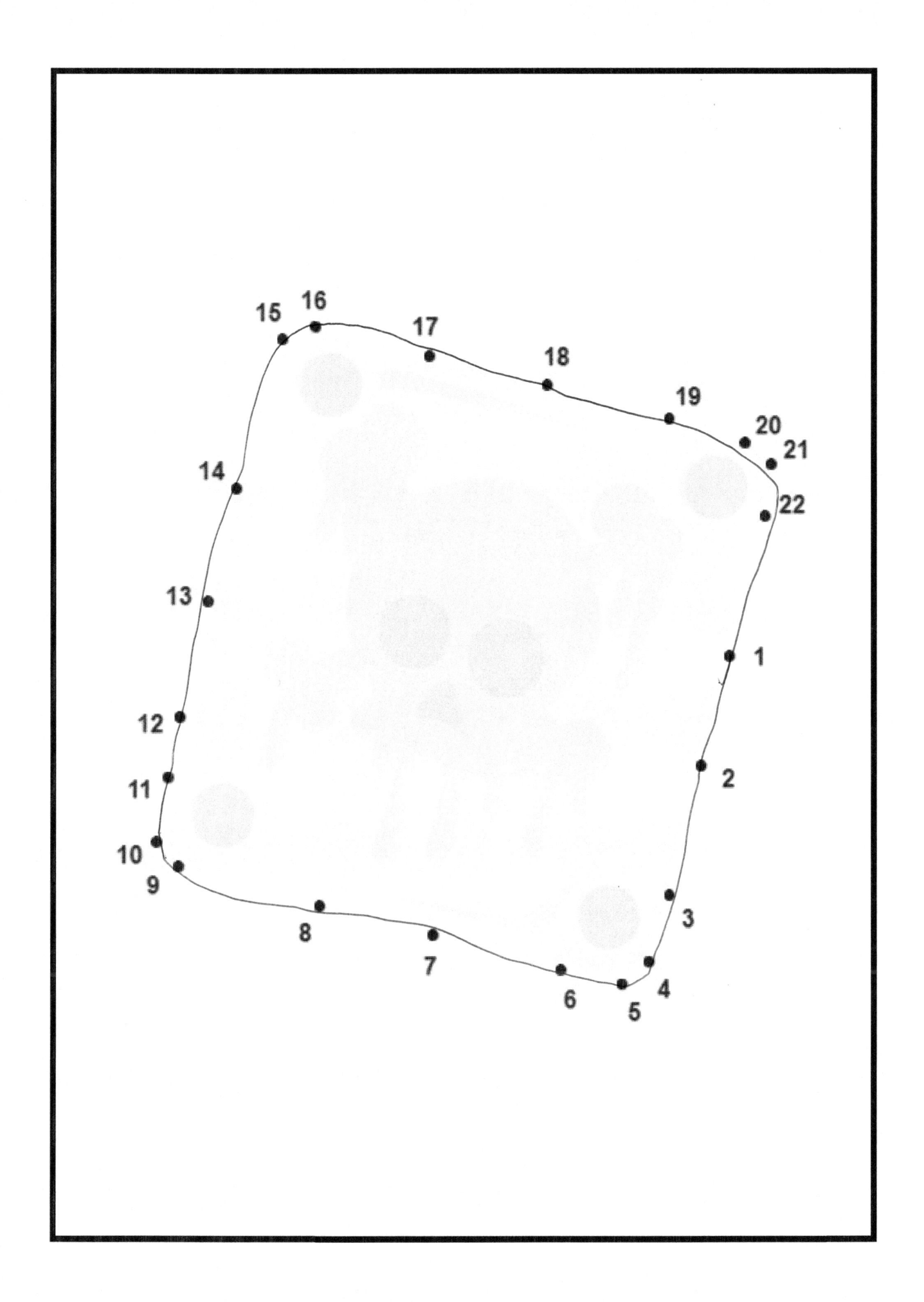

```
C H I A B Q N J C H U O C C K P
S L T S L E T S W A N E F H Z I
P T H W I A Y R G L Q N L T D Q
O O H O E A D U V L J F Q B B X
N U P B D G L I R O Q F Q O P R
I V P I K Q V P G W R O R R O H
J Y L W Y F U Y A E C F I Q F R
T O S D L C V R J E T E F M E I
H W O N Q M E L F N N S K E P I
G O T H C B T Q E C O T H Z P S
I W Y B G Z A Y D O W I B N G B
N V W R T H S I A S G V U E T P
D N H C A F E T R T R A S M L S
I K U J G C V J A U V L C P A G
M R J B Z T S W P M A O E E D P
R E R S B C V Z J E N T A I V J
```

**HALLOWEEN COSTUME**
**PARADE**
**HOLIDAYS**
**HORROR**
**SCARY**
**FESTIVAL**
**MIDNIGHT**

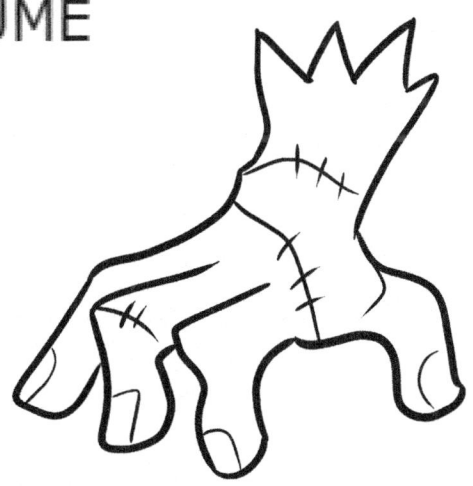

ZAGS
PRESS

# Cut and paste the words, then color the image

Bat

Tomb

Onion

✂ TOMB

✂ ONION

✂ BAT

ZAGS
PRESS

# Cut and paste the words, then color the image

THUNDER

WEREWOLF

ZOMBIE

# ISPY

## How many do you see?

___  ___  ___

___  ___  ___

ZAGS PRESS

# Cut and paste the words, then color the image

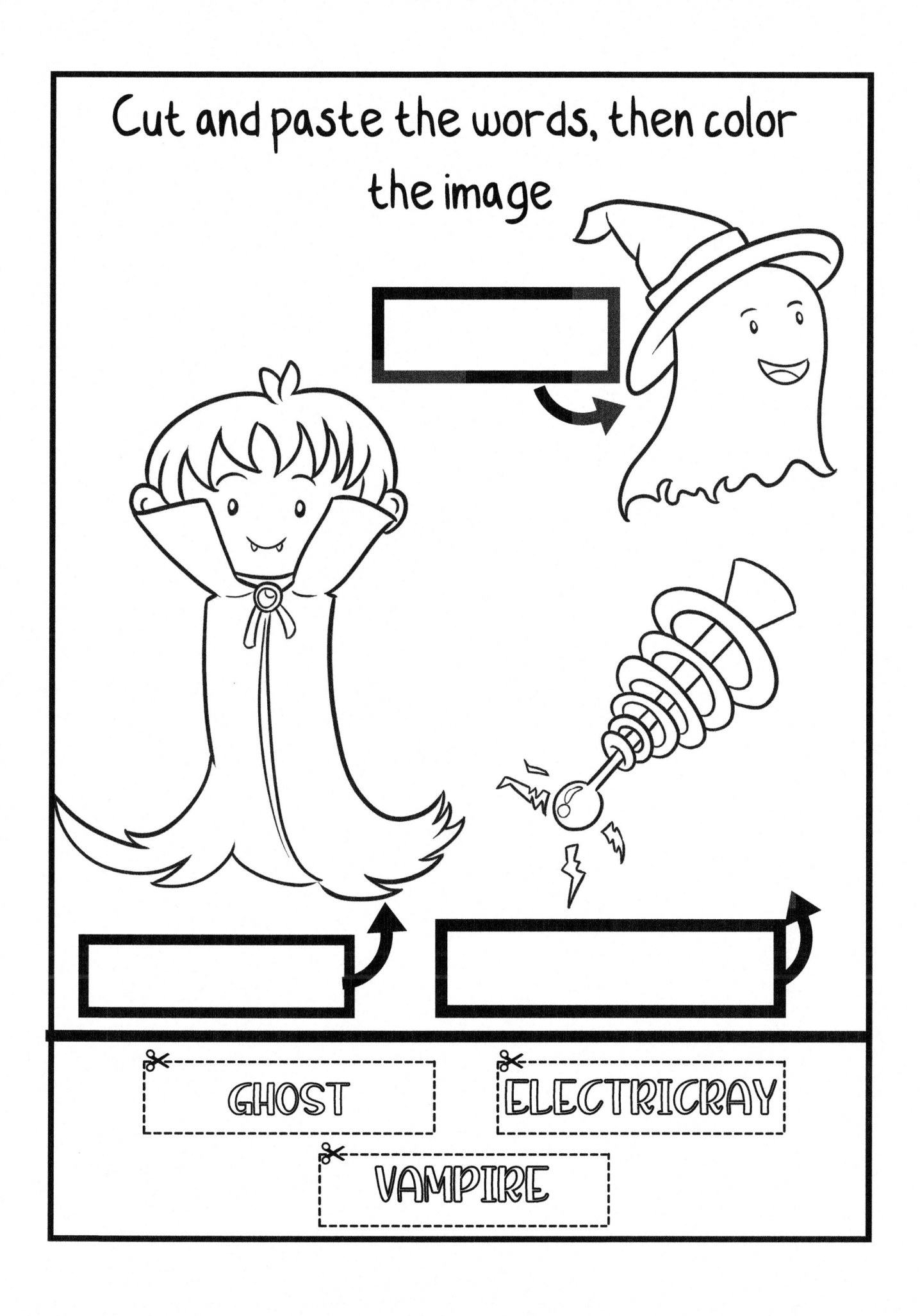

GHOST

ELECTRICRAY

VAMPIRE

# Which image is the odd one out?

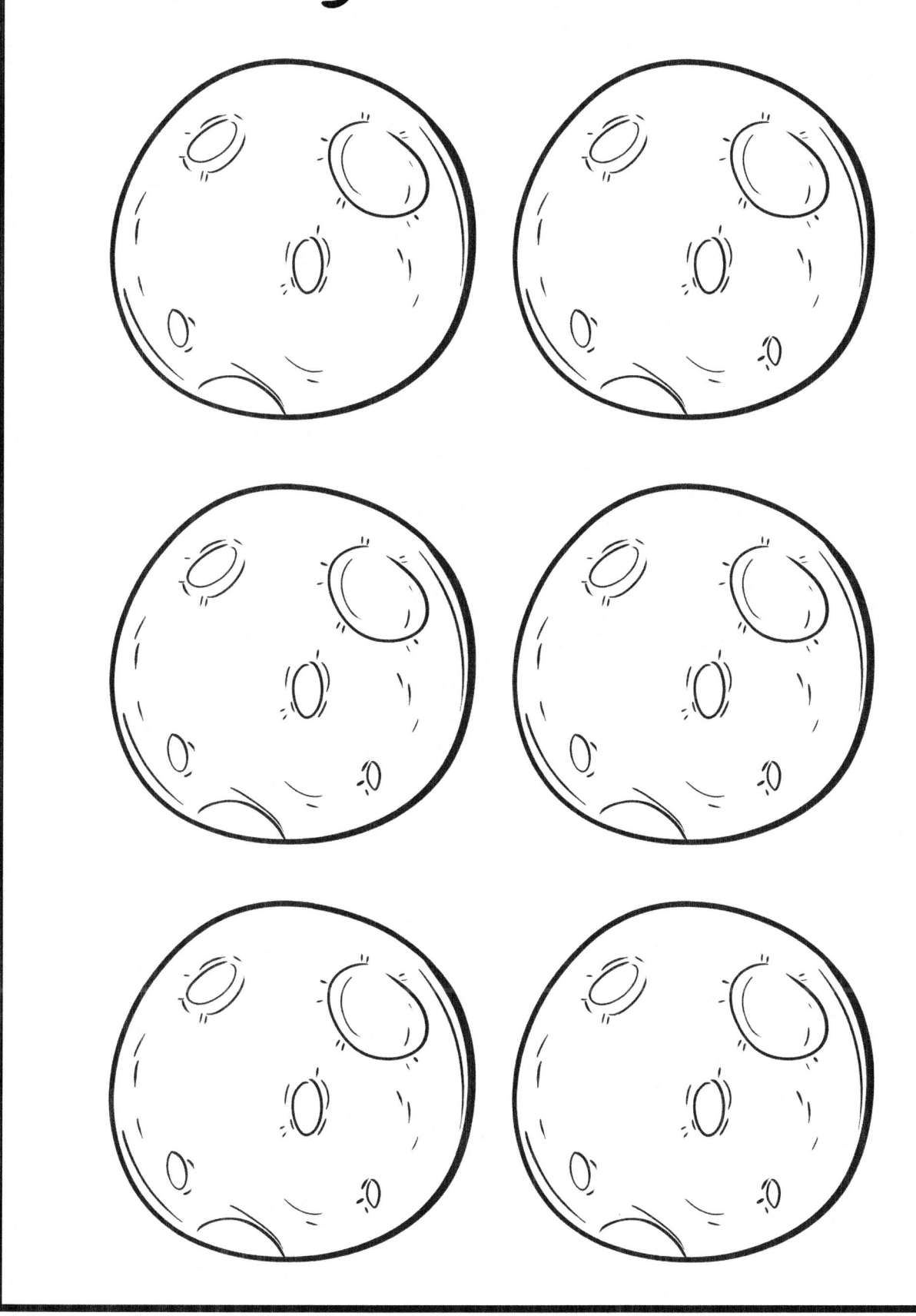

ZAGS
PRESS

```
S U Q T U R C X T T D P H K K M
L N P N W Q B X U T R O S B O X
F A D K A S D K U I A U A F C P
N N N Z A N N S Z D C K H S W C
Q O N I D X X I V B U K N E E C
J A F C O O B R L C L N Z X W O
Z H L E E K A I W B A N C J S I
D B X Z G S S V I X O R Z L O U
R B O F D T O G X J V G U A M N
N Y A N I O U O J B P O H N A J
J W D Q E U L D W C H A B B X N
C U T I I S R I U G V K Z K E G
P M V Y H P D A Z D D D O V R A
W I E A U A Y O M H F H A B N D
M Q E O C A P T F M L V H R Y D
B K K A I L A Z E N L Y S X K A
```

SOUL
DRACULA
GHOULS
GOBLINS
DARK
BOO
BONES

**ZAGS PRESS**

# Cut and paste the words, then color the image

✂ CROSS ✂ PITCHFORK

✂ DEVIL

ZAGS PRESS

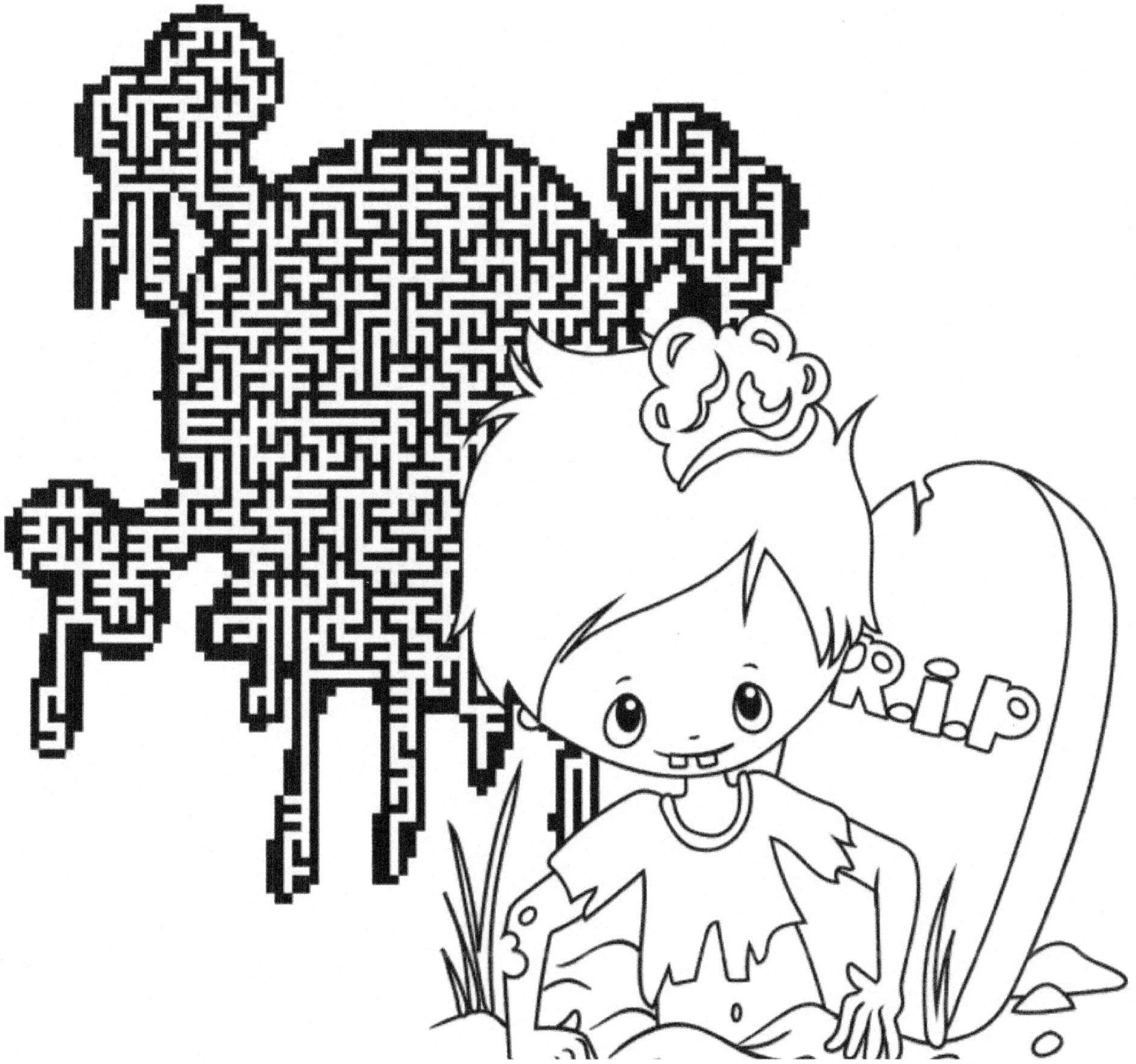
R.I.P

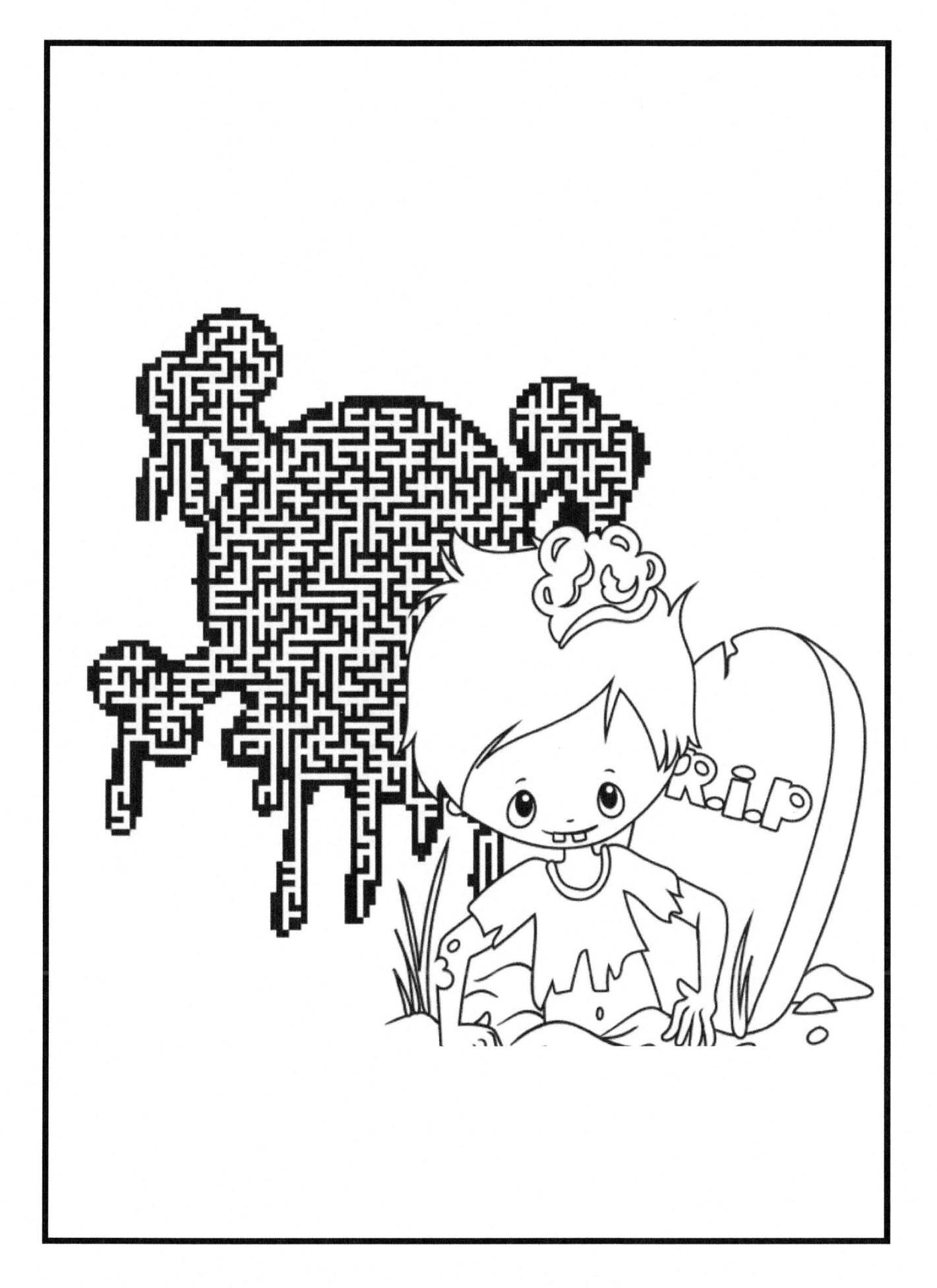

ZAGS PRESS

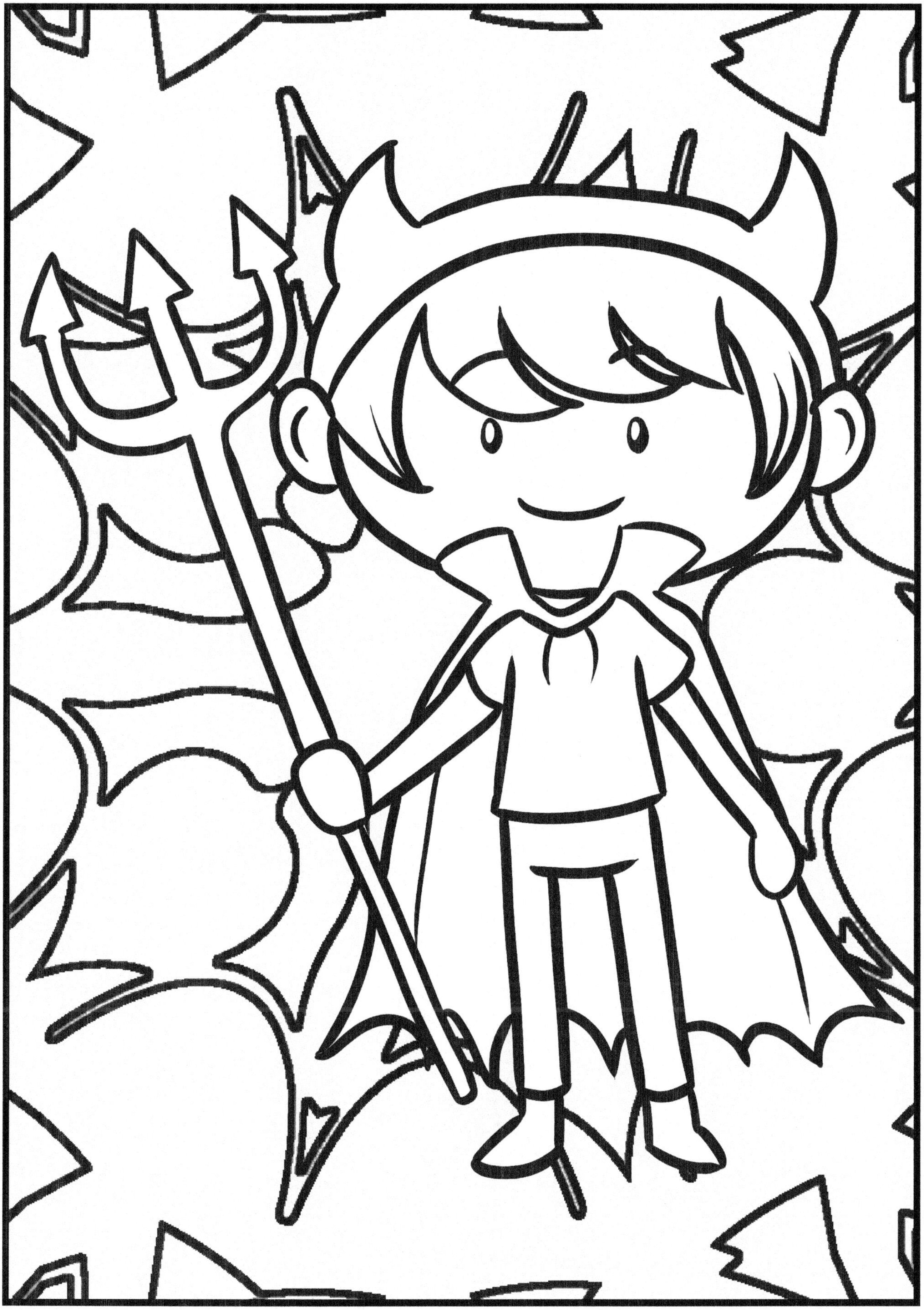

I hope you have enjoyed this Activity book.
i have a favor to ask you and it would mean the world for me as a publisher.
would you be kind enough to leave this book a review on amazon review page.
Thank you!

SCAN ME

Hello there!

If you Have enjoyed this Activity book and want more, I have a little surprise for you. Scan the QR code to claim your bonus!.

ZAGS
PRESS

# MAZE Solutions

HAPPY HALLOWEEN

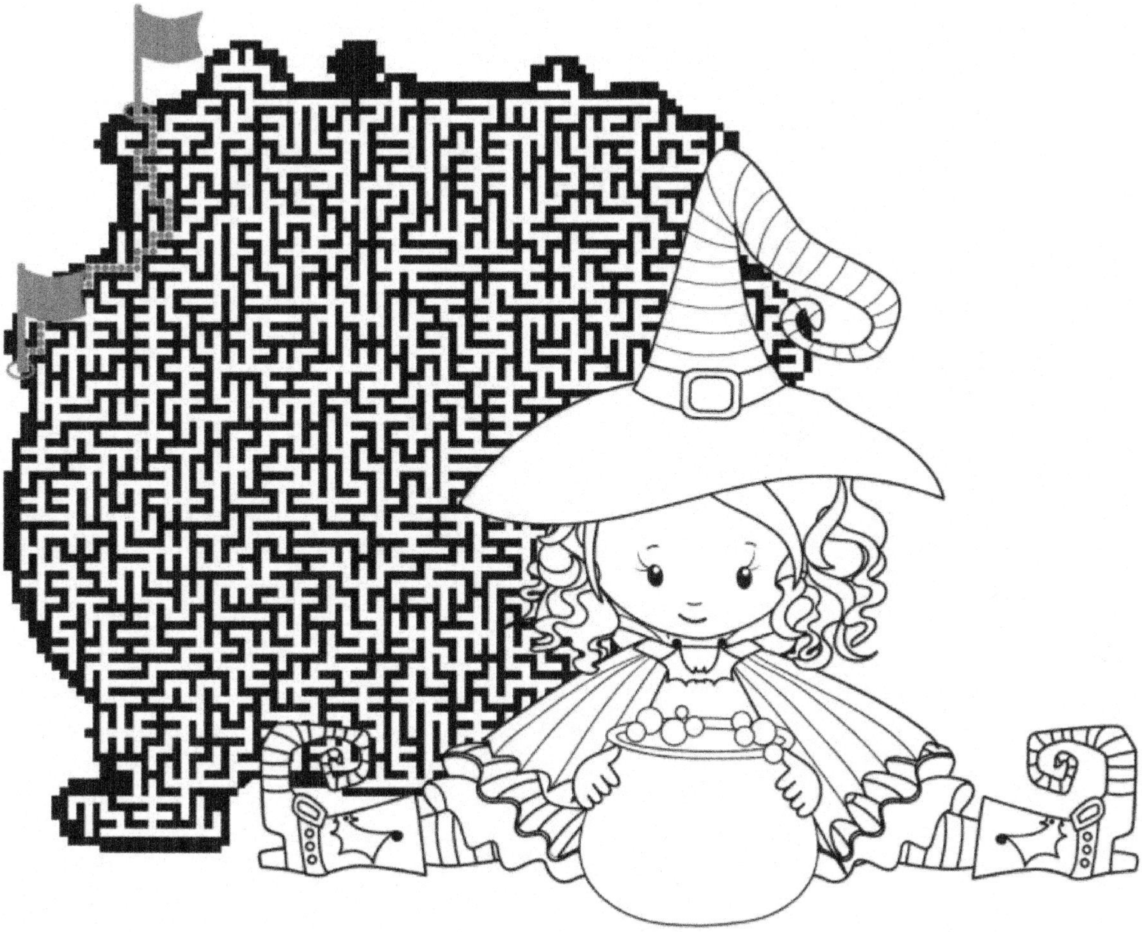

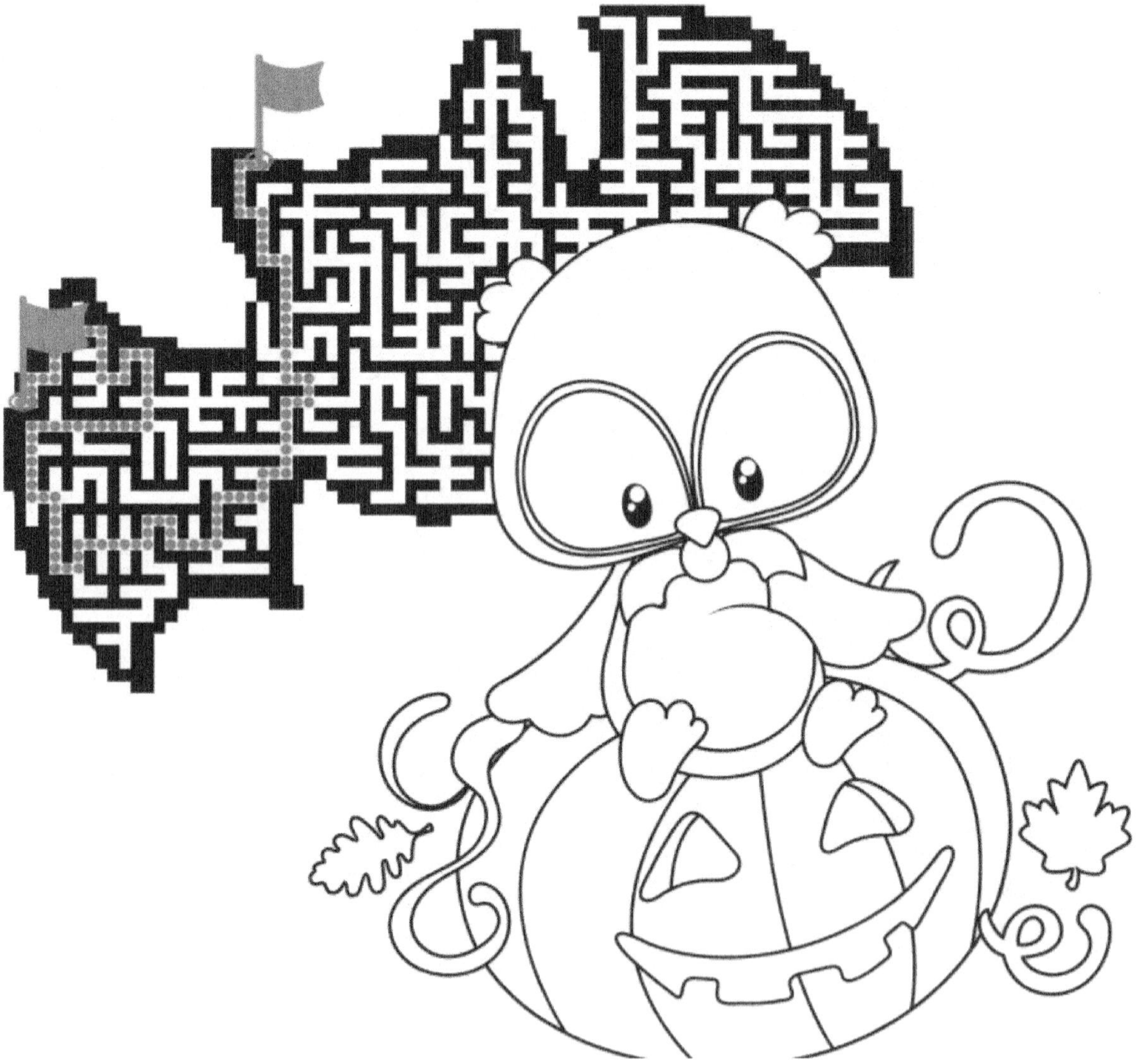

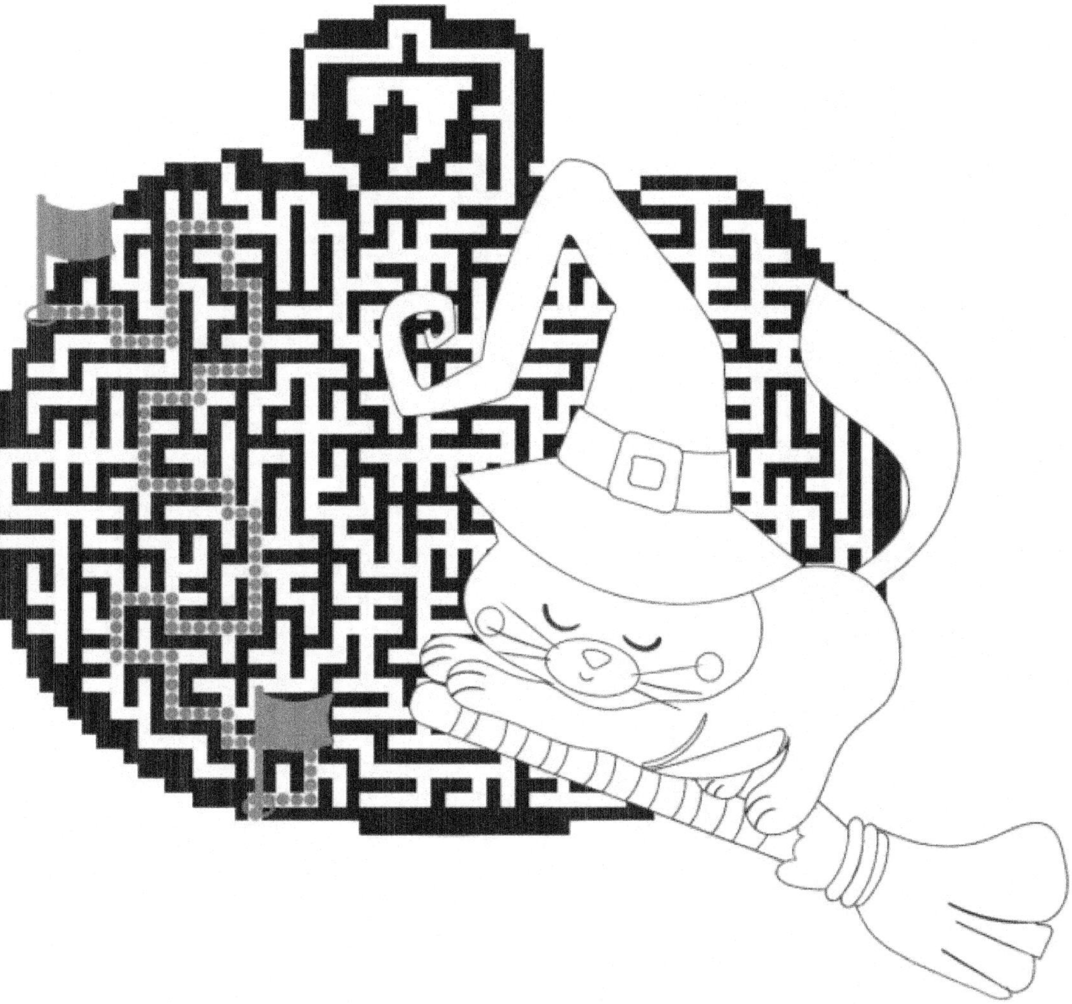

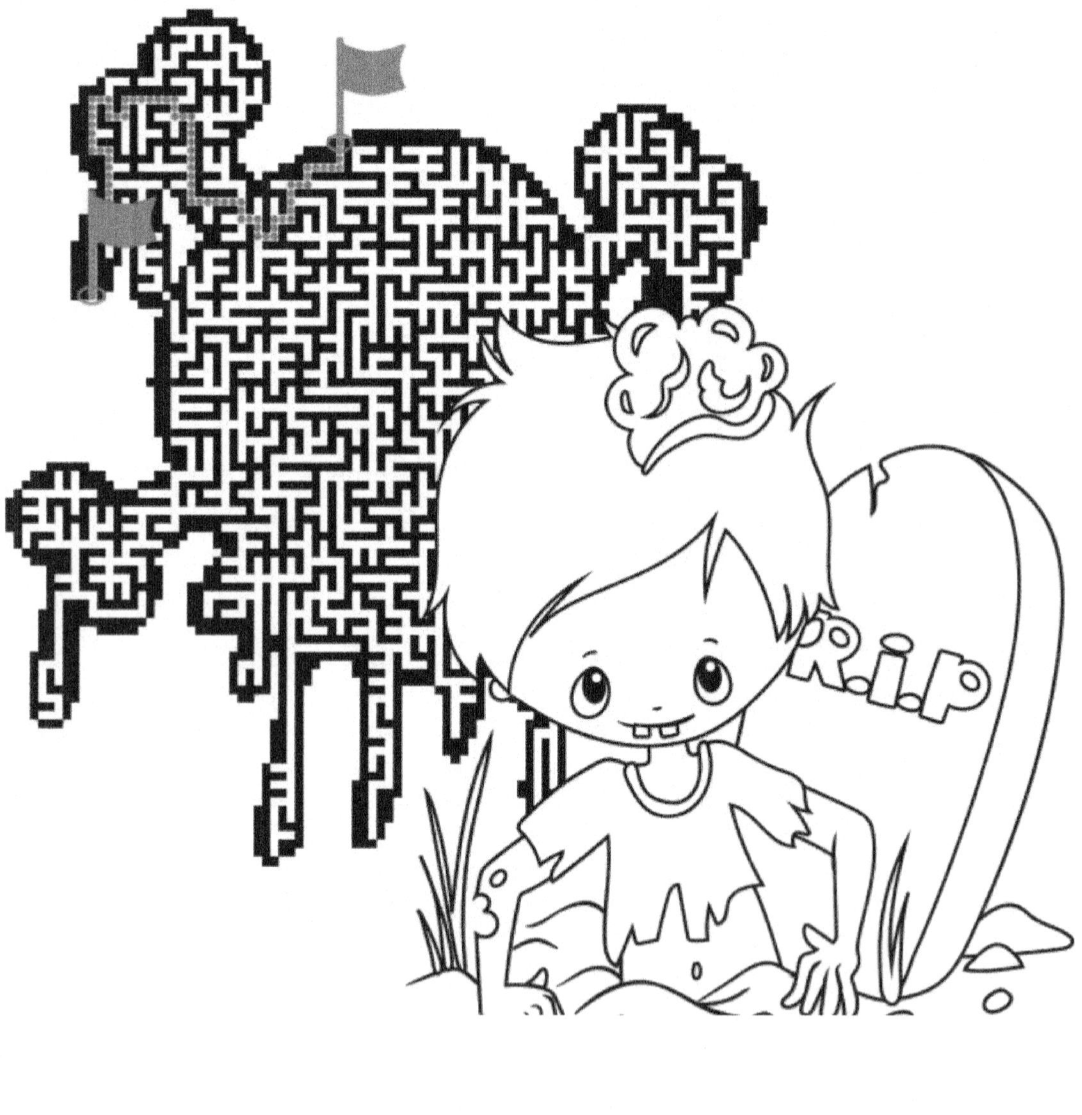
R.I.P

# Odd one out

# Solutions

# Which image is the odd one out?

# Which image is the odd one out?

# Which image is the odd one out?

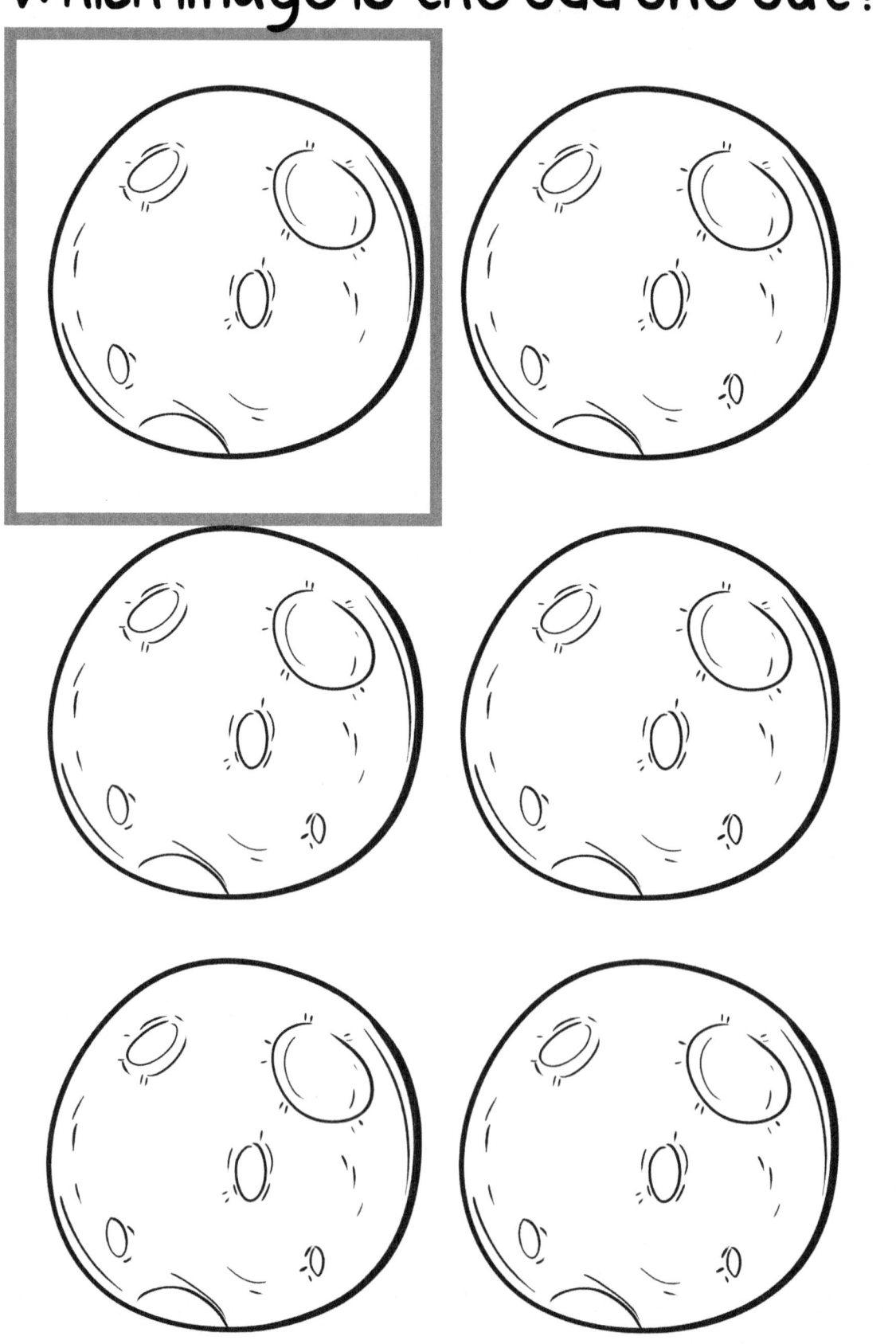

# ISPY
# Solutions

# ISPY

## How many do you see?

| 5 | 8 | 6 |
|---|---|---|
| 7 | 6 | 5 |

# ISPY

## How many do you see?

| | | |
|---|---|---|
| 5 | 5 | 7 |
| 3 | 6 | 4 |

# ISPY

## How many do you see?

8  6  9

4  8  7

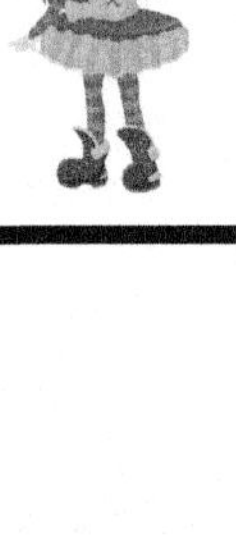

# Word Search Solutions

| | | | | | | | | | | | | | | |
|---|---|---|---|---|---|---|---|---|---|---|---|---|---|---|
|E|R|E|Y|A|R|P|N|A|I|T|S|I|R|H|C|
|P|X|D|B|A|Z|B|Y|H|G|D|Y|C|N|P|S|
|L|U|Q|T|G|Z|T|S|L|S|N|E|O|A|J|W|
|S|S|M|E|I|N|K|P|N|Z|A|R|Q|I|I|R|
|I|A|W|P|C|Z|L|J|U|R|N|M|K|S|F|H|
|I|I|Y|A|K|Q|D|L|E|H|N|H|H|L|U|C|
|B|N|Q|Y|C|I|N|W|G|G|R|L|Z|A|W|O|
|D|T|S|Q|S|L|N|U|H|C|L|F|V|D|I|H|
|A|L|L|H|A|L|L|O|W|T|I|D|E|V|E|N|
|J|K|V|I|E|X|B|V|H|H|W|L|G|K|X|E|
|C|Q|U|L|B|I|B|C|L|L|J|L|Q|W|K|A|
|C|P|R|P|I|W|T|Z|I|A|E|K|Q|D|Z|I|
|V|M|G|S|H|E|P|Y|O|Y|X|Q|H|T|Y|G|
|P|A|L|L|H|A|L|L|O|W|S|E|V|E|T|B|
|R|B|G|B|Y|W|T|M|T|N|N|Z|J|D|H|W|
|R|D|T|V|I|G|I|L|G|V|W|U|J|H|F|Y|

| T | R | T | G | I | Q | N | H | Q | C | Z | J | M | V | R | H |
|---|---|---|---|---|---|---|---|---|---|---|---|---|---|---|---|
| R | M | L | C | J | U | R | V | K | E | D | G | F | S | X | K |
| I | B | I | C | O | C | E | X | F | L | Z | J | Y | Z | P | V |
| C | S | M | Z | U | R | T | H | K | E | S | U | H | B | F | H |
| K | Y | Z | I | T | N | N | D | H | B | P | T | O | O | R | B |
| O | R | R | N | M | O | A | P | L | R | H | Q | D | S | A | E |
| R | P | F | G | Z | N | L | B | U | A | C | N | X | K | N | R |
| T | A | F | H | H | M | O | N | S | T | E | R | H | J | K | X |
| R | N | Y | W | I | C | K | K | B | I | Q | X | N | G | E | Q |
| E | S | Z | C | C | O | C | F | P | O | B | K | W | E | N | G |
| A | H | D | H | W | B | A | E | K | N | C | S | F | G | S | N |
| T | I | B | O | S | F | J | E | S | V | D | J | Y | R | T | F |
| I | G | A | H | A | L | L | O | W | E | E | N | Y | J | E | I |
| N | C | Z | D | Z | C | O | S | T | U | M | E | V | B | I | M |
| G | Y | Q | L | H | P | N | Z | T | D | W | A | Q | K | N | T |
| L | W | M | Z | L | Q | D | I | G | Q | V | S | U | K | D | N |

| | | | | | | | | | | | | | | |
|---|---|---|---|---|---|---|---|---|---|---|---|---|---|---|
| R | B | K | P | U | X | M | N | N | E | O | N | U | J | S | K |
| P | M | J | L | H | Z | V | Q | P | E | G | P | E | S | H | N |
| L | R | I | Z | G | X | F | S | D | G | U | E | O | N | A | W |
| T | Y | C | M | H | A | L | L | O | W | E | D | U | O | R | H |
| H | Q | L | A | V | I | N | R | A | C | X | H | X | I | V | J |
| M | Z | P | E | O | P | D | E | G | F | E | Q | V | T | E | E |
| Z | R | V | O | C | U | L | W | F | I | S | K | K | A | S | S |
| Z | L | S | T | A | Q | O | M | B | D | T | X | O | R | T | O |
| B | J | K | S | W | J | Z | M | A | I | S | A | L | B | F | O |
| J | W | H | T | G | X | O | H | P | L | O | B | Y | E | E | N |
| O | K | W | J | B | Z | L | A | Y | I | H | T | R | L | S | Q |
| W | S | N | N | M | L | Q | R | Q | A | G | L | A | E | T | Q |
| V | H | Z | U | O | L | L | V | D | O | Q | V | X | C | I | K |
| J | G | Y | G | L | R | L | E | R | U | R | Z | J | Q | V | X |
| R | L | R | Y | R | I | X | S | L | H | Z | H | W | W | A | B |
| H | F | O | S | L | S | M | T | Y | X | N | G | G | P | L | B |

```
C H I A B Q N J C H U O C C K P
S L T S L E T S W A N E F H Z I
P T H W I A Y R G L Q N L T D Q
O O H O E A D U V L J F Q B B X
N U P B D G L I R O Q F Q O P R
I V P I K Q V P G W R O R R O H
J Y L W Y F U Y A E C F I Q F R
T O S D L C V R J E T E F M E I
H W O N Q M E L F N N S K E P I
G O T H C B T Q E C O T H Z P S
I W Y B G Z A Y D O W I B N G B
N V W R T H S I A G V U E T P
D N H C A F E T R T R A S M L S
I K U J G C V J A U V L C P A G
M R J B Z T S W P M A O E E D P
R E R S B C V Z J E N T A I V J
```

```
S U Q T U R C X T T D P H K K M
L N P N W Q B X U T R O S B O X
F A D K A S D K U I A U A F C P
N N N Z A N N S Z D C K H S W C
Q O N I D X X I V B U K N E E C
J A F C O O B R L C L N Z X W O
Z H L E E K A I W B A N C J S I
D B X Z G S S V I X O R Z L O U
R B O F D T O G X J V G U A M N
N Y A N I O U O J B P O H N A J
J W D Q E U L D W C H A B B X N
C U T I I S R I U G V K Z K E G
P M V Y H P D A Z D D D O V R A
W I E A U A Y O M H F H A B N D
M Q E O C A P T F M L V H R Y D
B K K A I L A Z E N L Y S X K A
```

# Scissors skills

# Solutions

# Cut and paste the words, then color the image

BAT

TOMB

ONION

# Cut and paste the words, then color the image

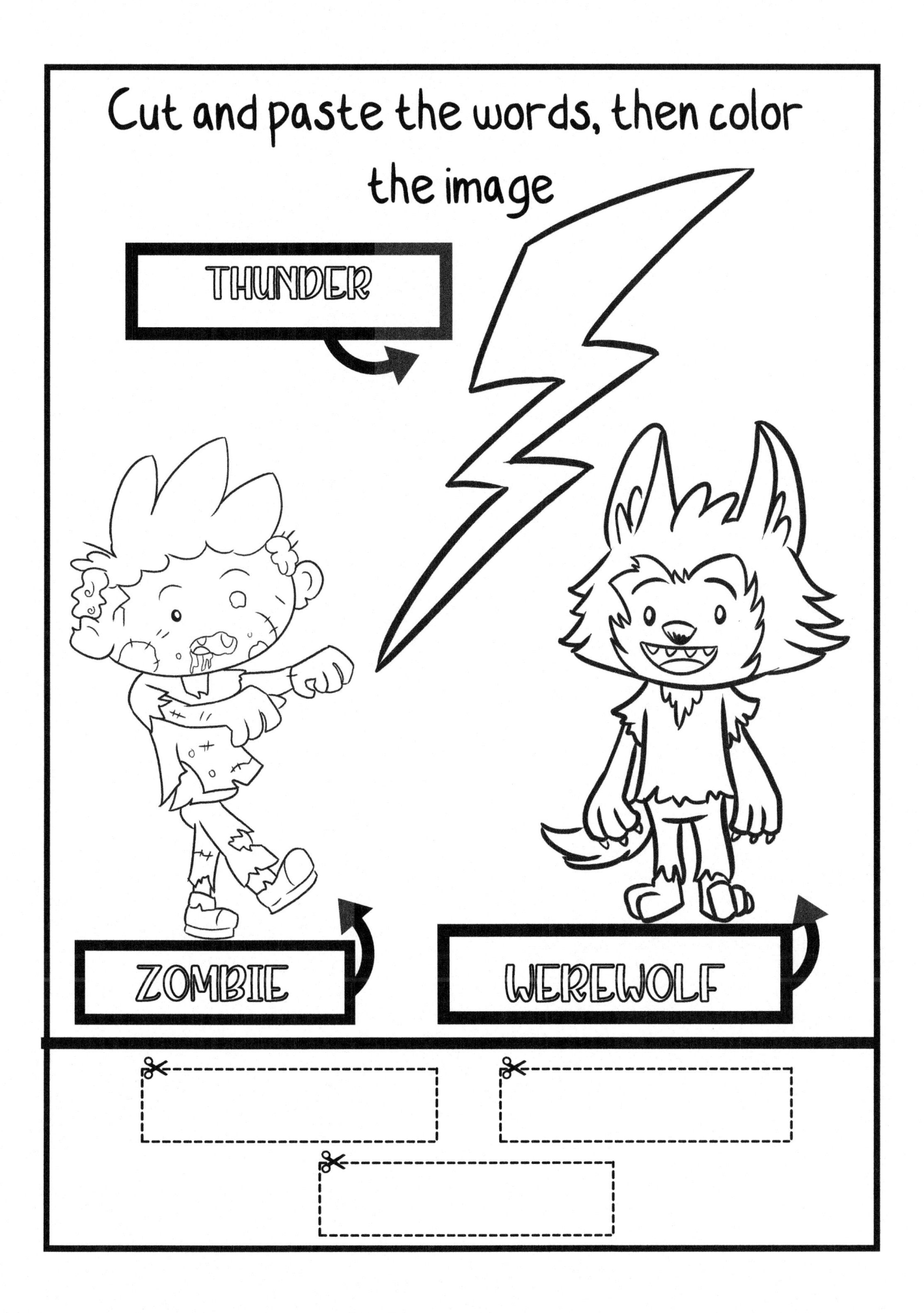

THUNDER

ZOMBIE

WEREWOLF

# Cut and paste the words, then color the image

GHOST

VAMPIRE

ELECTRICRAY

# Cut and paste the words, then color the image

CROSS

PITCHFORK

DEVIL

Printed in Great Britain
by Amazon